はじまりと
おわりと
はじまりと

―まだ見ぬままになった弟子へ―

川西賢志郎

角川書店

はじまりと　おわりと　はじまりと

―まだ見ぬままになった弟子へ―

はじめに

漫才師を辞めるにあたって、僕は本を出そうと思った。お笑いの世界に入ったのが、今から約20年前。以前のコンビで本格的に漫才をやり出してからは、17年。長かったのか、短かったのか。何を基準に語るかで、自分の中でも少しニュアンスは変わってくる。ただ、やはりそれなりに続けてきた漫才師を辞めるともなると、自分の漫才師としての人生を振り返らずにはいられなかった。

吉本興業には芸人を養成するNSCという学校がある。そこへ入学するところから始まったわけだが、最初は漫才師にこだわるつもりはなかった。僕は大阪の東大阪市《ひがしおおさか》という街に生まれ、幼少の頃からお笑いはすごく身近にあるものだった。全国ネットのバラエティ番組はもちろん、土曜のお昼には吉本新喜劇を見て、学校で友達とその話で盛り上がった。

また、文化祭ではコントのような真似事もやった。他にも関西《かんさい》では各局それぞれで賞レースといわれる、若手芸人によるネタのコンテストが定期的に放送されていたり、劇場の寄席にカメラを入れて生の舞台の雰囲気をそのままに流す漫才番組なんかもあった。そういった環境に育ち、僕はどんどんお笑いに魅力を感じるようになっていったのだろう。

ＮＳＣに入学した当初は、とにかく漠然と〝テレビの人気者になりたい〟、そんな浮ついた気持ちしかなかった。これを実現するためには、まず第一歩目として劇場のオーディションに受からなければならない。そのために手に取った武器が〝漫才〟だった。漫才でなければならなかったわけではない。コントでも何でもよかったところ、とにかく自分が選んだのが〝漫才〟であり、それが漫才師としての始まりだった。晴れて劇場入りをすれば、今度は賞レースの決勝にでるために漫才をやる。そこから更に全国へ飛躍するために、また漫才をやる。その過程が漫才への愛やこだわりを深めていくこととなり、ネタで笑いを取ることに特別なものを感じるようになった。そして、ある一定のテレビ仕事を手にした頃には、もはや漫才が活動の中心と考えるようになっていた。

明確に〝自分は漫才師として生きていく〟という覚悟を決めた時に、たくさんの具体的な目標も立てていた。長く続くであろう漫才師人生において、達成すべきものがあると思ったからだ。わかりやすいものでいえば、賞レースで優勝すること、全国ツアーを満席で埋めること、なんばグランド花月《かげつ》の大トリを務めることなど。日々の延長にある目指すべき遠い場所も、途中で現在地の確認ができなければ不安になる。着実に歩んでいくための道標《みちしるべ》として、こういった目標を立てたのだ。それを達成することで、モチベーションを維持してこれまでやってきた。そして、解散に至った。思えば、大抵のことは実現することができた。わかりやすい才能なんてないことは、すぐに気づいていた。だから、自分なりのスタイルを探したり、取り組み方を工夫した。そこは誇りに思っている。名は体を表すとはよく言ったもので、まさに〝牛歩〟のように遅くとも着実には歩んでこられた。これは、ひとえに幸運だったといえる。もう思い残すことはない。きっぱりと漫才の世界を去っていけるな。そう思った時、心に少しの余裕が生まれた。そして、その余裕がニヤニヤと半笑いで語りかけてきた。

「弟子は取らなくてよかったの？」

漫才師といえば今でこそ養成所に入るのが主流になっているが、昔は自分が「この人だ！」と思った芸人さんに会いにいき、「弟子にしてください！」と頭を下げてお願いしたものだ。師弟の関係になると、弟子は師匠の身の回りの世話を任される。車の運転、荷物持ち、衣装の管理などはよく聞く話だ。人によって多少の距離感は違えど、かなりの時間を共有することとなる。そこで弟子は、舞台での振る舞いや、芸の部分以外にも、師匠の人となりも含めて深く知ることで、自分はどうなっていくべきかを探して、芸人として成長していくわけだ。

こういった師弟関係は、今では漫才師の世界にはずいぶんと少なくなった。だから、僕らの世代でも弟子を取る芸人なんていないし、もちろん僕も取るつもりなんてなかった。だけど、もし自分が漫才師として生きた証《あかし》を、一冊の本に残したとして。その生き様のようなものが、これから漫才師を志していく誰かの目に触れて、何かを感じて、受け取ってもらえるものがあったとしたら。そしてこれは、自分が漫才師として最後にやれる唯一のことではないだろうか。何を経験し、何を考え、何を大切にして、漫才師をやってきたか。

それらが世代をこえて、間接的にでも後世へと繋がっていくことがあったとしたら。そんな想いと自己満足を込めて、筆を執る。

これは、まだ見ぬままになった弟子へ捧《ささ》げるような想いで綴《つづ》る、一人の漫才師としての自伝的な本である。

目次

第二章　テレビとの付き合い方　35

第四章　次に向かう場所は　151

写真　川西賢志郎
装丁　原田郁麻

第一章　漫才師としての歩み

始点

笑いにおいて大阪という土地は、少々厄介に思われることがある。それは〝自分たちこそがお笑いの本場である〟というプライドの高さを感じさせる雰囲気が漂っているからだ。

今でこそ薄まってはきているが、僕が芸人になりたての頃は、なんばグランド花月で標準語のイントネーションを話す芸人が舞台に立つと、露骨に笑いが小さくなってしまう光景を目にしたことがあった。これには理由があるそうで、遡《さかのぼ》ること江戸《えど》時代。大阪という場所は、商人の街であった。物の売り買いをする際に、大切になってくるのがコミュニケーション。商売人はなんとかして物を売りたい、客としては少しでもいいから値切りたい。そんな小さな駆け引きにおいて、会話が重要になってくる。お釣りを渡す時によく言う「はい、500万円！（500円のこと）」や「べっぴんさんやから大根一本おまけしといたろ」なんかは、商売を円滑にやっていくための小粋《こいき》な一言として生まれたのだろう。客の方も「ほなこれ3つ買うから、端数くらいまけて」などと、少しでも得をするように交渉することが日常的であったそうだ。そういったところから、大阪は笑いやユーモアが生活の一部として根付きやすい土地だったように思われる。だからこそ、笑いを提供する寄席が、大衆に好まれ、興業として成り立ったわけだ。また、漫才が生まれたのが大阪だと言われていることも、大阪人の笑いに対するプライドを育《はぐく》んでいったのだろう。そして、もれなく僕の地元にもその雰囲気は色濃く感じられた。

大阪と奈良の県境には、生駒山《いこまやま》という山が南北に跨《また》がっている。その山のちょうど麓《ふもと》あたりにある、池島町《いけしまちょう》。ここが僕の地元である。町工場が多く〝モノづくりのまち〟と言われたり、高校日本一を決める花園《はなぞの》ラグビー場があることから〝ラグビーの聖地〟とも言われたりする東大阪市の一部だ。実際、僕の父親も職人のために作業着などを販売する店を営み、僕は中学・高校とラグビー部に所属していたので、家庭に土地柄がもろに反映されていると言える。そして、実はもう一つ。あまり知られていないのだが、僕の出身地である池島町は、吉本興業や上方《かみがた》漫才に縁の深い土地でもあった。

現在の吉本興業ができあがるまでには、岡田《おかだ》政太郎《まさたろう》という人物が大きく関わっている。明治43年、この人は風呂屋《ふろや》に芸人を呼んで、小さな寄席をやり始めた。当時は落語が格式があるとされていてお笑いの中心であったため、それ以外の芸は『色物』と言われて少々軽んじられていたそうだ。そんな時代に〝もっと安くてとにかく笑えるものを〞と、たくさんの色物とされる芸人ばかりを招いて寄席をやったところ、評判になった。今で言うところの、やり手のベンチャー企業のようなものだろうか。どんどん寄席を拡大していき、さらに増やしていくために寄席を開いてくれる興業会社と力をあわせて展開するようになった。この興業会社というのが、後の吉本興業である。

そういった寄席に立つ芸人の中に、玉子屋円辰《たまごやえんたつ》という人物がいた。円辰という芸名は、煙突のように背が高かったことに由来しており、それが池島の方言である河内《かわち》弁の訛《なま》りで〝えんたつ〞であったことから、命名されているそうだ。この人はその名の通り、もとは卵を売り歩く商人をしていた。その際に、江州《ごうしゅう》音頭というのを歌いながら売り歩いていたそうで、それがとても上手で美声であったために人気がでた。そんなきっかけから、彼は寄席小屋にも立つようになった。ある日の寄席でのこと、彼がいつものように音頭を披露するが、客が全然のってこない。ふと太鼓を叩《たた》いている者に目をやると、なんとも面白い顔をしていたそうだ。どうやら客はそちらに気を取られて、音頭に集中できていない。円辰さんが堪《たま》りかねて「なんちゅう顔しとんねん！」とツッコミを入れると、その場のお客さんが大笑い。これが、後に漫才となっていったという話があるのだ。
　この岡田政太郎と玉子屋円辰という二人の人物が、偶然にも池島町出身であった。僕はそれを知った時「おれは将来、吉本と漫才を背負って立つべき人間なのかもしれない！」と誠に勝手ながらではあるが、そう思った。むしろそうあるべきだと、この会ったこともないお二人に言われているような気がした。

　現在でも、池島町には玉子屋円辰さんのお墓がある。生駒山の緑が望めるところに立つ、まさに煙突のようにすらっと背の高い墓石だ。僕も実家へ帰ることがあれば、お参りをさせてもらっている。墓石の前に立ち、「あなたが創った土壌の上で、漫才をやらせてもらっています」と、よく手を合わせたものだ。いつも芸事における話を聞いてもらおうと、一方的にだが語りかける。師匠がいない自分にとっては、円辰さんこそが師と呼べる存在なのかもしれない。身体的に、直接的に、何かを師事しているわけではない。だけど、確かに自分にとっては感謝を述べるべき相手であり、この方の存在が心の中にある。言うなれば、これは〝時代をこえたプラトニックな師弟関係〟のようなものではないか。歴史を巻き戻し、思いを巡らせ、その時代に向けて言葉を届ける。そんなことが、芸の世界において今後も生まれていけばいい。きっと将来、同じように芸事に取り組む人たちにとって、過去は学びとなる。その時代において、失われそうになっているものに気づけたり、それを取り戻す時の支えになってくれる。

今の時代は、YouTubeやTikTokなどあらゆる発信ツールが生まれ、誰でも自己表現ができる素晴らしい時代になった。どこからがプロでどこまでが素人か、という線引きもなくなってきている。だけど、そういった場所で求められるものは再生回数やいいねの数。その物差しだけで測られるような場面が増えたことで、本当に良質なものがぼやけて曖昧《あいまい》になっているようにも思える。今、きっとお笑いも品位が問われる時代になっている。

地元へ戻るたびに、今でも墓石の前で手を合わせる。円辰さんが生きた時代とは、まったく違うお笑いやエンターテイメントが、現代には存在している。時代を問わず普遍的に求められる、本当に価値があるものとは何か。もちろん答えてはくれないが、墓石の前で語りかける。そしてその光景を、お二人や僕を育ててくれた生駒山の自然という大きな師匠が、悠然と見守ってくれている。

前説での光景

どのようにして漫才師として歩んできたかを少し話していきたい。この世界に入った動機は、お笑いが好きで、漠然とテレビの人気者になりたいというものだった。そして、いつの日かそうなれるようにと漫才に励んだ。そこから徐々に、漫才がテレビに出演するための手段ではなく、目的に変わり、活動の中心を舞台に決めた。それでも、心掛けていたことがある。それは、一定数のテレビ出演やメディアの仕事もやり続けること。その理由は、漫才師として必要なものがそこには在ったからだ。

劇場へ観に来たことがある方は知ってらっしゃると思うが、本公演が始まる前には前説というものがある。これから公演を見るにあたって、注意事項を伝えたり、少し空気をあたためておく役割だ。僕もずいぶんと長い間、この前説をやってきた。言いかえれば、出番がもらえるようになるのが遅く、時間がかかったということだ。前説で賑《にぎ》やかして、舞台袖《そで》にさがり、トップバッターの芸人に頭を下げて「お願いします！」と言って送り出す。

ここまでが前説の仕事。時には同期や後輩にあたる芸人がトップバッターを務めることもあり、自業自得ではあるが悔しい思いもした。ただ、この前説の何がいいか。悔しい思いをさせてもらえることも一つだが、公演を見学することができるのだ。普通なら、出番をもらえていないような若手芸人が、勝手に舞台袖にやってきてネタを見るだなんてことは許されない。ただ、前説をやったのであれば、そのまま舞台袖に残り、公演を観ることができる。暗転になり、出囃子《でばやし》が大音量で鳴る。舞台上のスクリーンにこれから登場する芸人の名前が映し出される。明転して、その芸人が現れる。

まだ前説をやり始めてすぐの頃、強烈に覚えている光景がある。それは、あらゆる芸人が同じ舞台に登場しては捌《は》けてを繰り返す中で、知名度によってお客さんの反応が全く違ったことだった。当たり前と言えばそうなんだが、それでも強烈なものがあった。

寄席という場所は、全国各地から旅行のプランの一環として観に来られているお客さんなども多いため、地域性や年齢層も様々だ。たとえ関西で立派に賞を獲得していたとしても、全国の皆さんにはそこまで知ってもらえていない。お客さんからすると、まだまだ売れない若手芸人の一組でしかないわけだ。これが全国区のバラエティなどにも出演している芸人ならば、反応が一気に変わる。暗転の中、舞台上のスクリーンに名前が映し出される。この時点でまず「おぉ……！」という低い唸《うな》り声があがる。次に、明転して、舞台にその芸人が登場すると、さっき一度は押し殺した高揚感が一気に弾《はじ》けるかのように「ワァーっ！」と歓声があがる。満席で約１０００人ほどが一斉に声をあげるのだ。歓声や笑い声が一気に弾ける瞬間というのは、音とともに空気が振動していることまで感じ取れるような、そんな迫力がある。それは、たとえ舞台袖にいても十分に伝わってくる。もちろん、まだ名前が知られていなくても実力があれば徐々にお客さんを摑《つか》んで大きな笑いを取ることだってできる。逆に、知名度による最初の爆発力が凄《すご》くても、実力がなければ尻《しり》すぼみに終わる。そういったシビアな環境ではある。だから、芸が育つ。

パフォーマンスを超越して、まず一目見ることができたというだけで、お客さんを興奮させて更なる満足度を与える。そんな漫才師の姿を見た時に、漫才師として大きくなるためには、世間の知名度を上げる必要があるということを強く思い知った。

理想像を掴むため

漫才師として活動の拠点になるのは、舞台。
その舞台でより輝くために身を置くべき場所が、テレビ。

この矛盾しているような循環を、うまく成立させながらやっていかなければいけない。少しでもバランスを崩した時、おそらくそれはタレントになるんだと思う。本人が望んでそうなったのならいいが、自分は違う。あくまでも漫才師として在りたかった。

そもそも自分がそう在りたいと明確に思い始めたのは、２０１４年頃。それまでは正直、中途半端に芸人をやっていた。劇場のオーディションには受かり、吉本所属の芸人になって、定期的にライブに出演する。賞レースの決勝にまでは残るが、これといった結果は出ない。多少の浮き沈みの振り幅はあれど、停滞した期間が7年ほど続いていた。途中からうっすら気づき始めていた。あ、たぶんもうこの世界に入った時に描いていたテレビの人気者みたいな未来はないんだろうな、と。そりゃそうだ。それなりの事しかやってこなかったんだから。〝どうして自分は報われないのか〟ではなく〝すべて報われてちょうどこの結果だ〟と納得できてしまうあたり、大概自分はクズだなと思った。

そこから、少しずつ変わっていった。初めのうちは、「このままじゃもう後がないぞ」という危機感から、漫才に打ち込んだ。打ち込めば打ち込むほど、結果も少しずつ上向いた。はっきりとした形で報われることがなくとも、良くなってきているという実感はあった。そうなると、今まで以上に細部を工夫したくなったり、漫才に関わるすべての作業が楽しくなった。

「自分は本来、作り込んだ何かをお客さんに披露することが好きな人間なんだな」

それまでにテレビやラジオの仕事も、少しではあるがやらせてもらう機会はあった。だけど改めて、その根本に気づくことができた。〝テレビの人気者になる〟という漠然としたままの指針が、この時ようやく一つ前に進んだのだ。自分がやるべきことは、これだ。そう覚悟が固まっていく時期に、関西の漫才コンテストで初めて優勝することができた。

そこからさらに2年ほどかけて、じわじわと全国区でも結果が出るようになっていった。一番わかりやすいものが、M‐1グランプリ。毎年12月に開催される、全国規模のプロアマ問わず参加することができる漫才の大会だ。２００１年からスタートして、２０１０年まで。そして、２０１５年から再び開催されるようになり、現在も続いている。僕も芸人になる前から、この時期になるとテレビに張り付いて夢中で観ていた。自分が芸人になったことにも、漫才をするようになったことにも、大きく関係している。そんな憧《あこが》れのステージに、幸運にも立つことができた。

そして２０１６年の年末、間違いなく自分の人生が大きく変わった瞬間だった。準優勝。優勝こそ逃したが、そこで印象を残せたことで、全国のテレビ番組から一気にオファーが舞い込んできたのだ。その時、僕は思った。

前説時代に見たあの時の光景に、自分もなれるかもしれない。

これまでの自分は、中途半端にやってきた皺寄《しわよ》せがしっかり現れて、いったんテレビは諦《あきら》めていた。その分漫才に打ち込むと、漫才がより好きになって、漫才が認められ出した。その結果、テレビの世界からお声がかかるようになった。まさに自分が理想とする漫才師への道が開かれた気がした。

そこからの数年は怒濤《どとう》のようだった。東京へ拠点を移し、まずは知名度を上げるためにあらゆる番組出演のオファーを受けた。それと並行して、寄席の出番も増えた。劇場が使いたがってくれている時期に、しっかり笑いを取れる姿をアピールしておきたかったこともあり、急増した寄席にも立った。加えて、獲《と》り切れなかったM‐1グランプリで優勝するために、自主的な全国ツアーを打ってネタを磨いた。テレビ・寄席・全国ツアー、常にこの3つの活動を同時進行させた。それぞれを止めることなく、加速させていくような意識だった。後々の話になるが、この時期に引き受けたロケの映像を見返す機会があり、そこにはロケをしている自分がたしかに映っているのだが、内容をあまり思い出せないことがあって怖くなった。わかりやすく自分のキャパをこえてしまっていたんだと思う。それもこれも〝あの時の光景〟を掴むためだった。

軸を持つ

2016年の年末をきっかけに、無作為に入ってくるテレビ出演のオファー。この機を逃すわけにはいかないという気持ちで、初めのうちは何でも引き受けることにしていた。それがたとえ、自分に向いていないとわかっていたものだとしても。

例えば、ドッキリ番組。普段から自分は、目の前で起こった物事に対して一度きちんと自分の中に落とし込んで、じっくりと考えたうえで言葉なり行動に移したい人間だという風に認識している。そんな人間に、制作側から求められているような大仰なリアクションなんてできるわけがない。ある番組で、楽屋に仕掛けられた小さなドッキリが連続で起こるというものがあった。これに引っかかるわけだが、どれもドッキリ以上に小さなリアクションに止《とど》まり、堪りかねたスタッフが楽屋に入ってきて「すいません、これはドッキリです。今からもう一度同じことをやりますので、次は大きなリアクションをしてもらえますか?」と言われる始末だった。だけど、最初のうちはとにかく知名度を上げるために出演する必要があると考えていた。そして、どんな番組に出演する際にも、漫才師としてその場所へ行くようにしていた。

テレビ番組といってもいろんな種類がある。バラエティ、情報番組、クイズ、教育、ドラマなど。細分化していけば、もはや〝テレビ〟と一括《ひとくく》りにはできないほどだ。前説時代に漫才師として身につけていく必要があると考えた、知名度。これはテレビに一度出ると、たとえ視聴率が１％と数字でいうと小さなものだったとしても、ライブや営業で相手にできるお客さんの数と比べて、とんでもない人数の目に触れることになる。単純な計算であることと、その質や映り方はいったん置いておいての話だが。それらのテレビ番組に対して、自分がどのように捉《とら》えていたか。ここでは大きく二つに分けよう。

『ネタ番組』と『その他の番組』。

まずは、『ネタ番組』。これはもうわかりやすく漫才師が漫才師としてテレビに出演して、自らのネタを披露する。いわば漫才師にとっては自分をそのままに売り込む〝ＣＭ〟みたいなものと捉えていた。ここで面白いと思ってもらえれば、単独ライブや寄席の集客に直結させることができる。仮に視聴率が5％だったとすると、例えば関東《かんとう》地区なら約200万人の目に触れることになるらしい。そのうちの10人に1人が自分たちのネタを面白いと感じてくれたとして、20万人。ただ実際に劇場へ足を運んでもらうことは、経験上かなりハードルが高い。ここではいったん多く見積もって、1000人に1人が来てくれたと考えて、200人。一回のネタ番組で200人ほどのお客さんを獲得できるチャンスがあることになるわけだ。これは劇場を主戦場にしている漫才師にとって、生命線の一つになるところ。だからこそ、ネタにカットや編集が入るのか、テロップがつけられてしまうのか、どんな演出のもとネタを披露することになるのか、こういったことには注意を払ってこだわらなければならない。また、テレビでネタを露出すると、しばらく劇場においてはネタバレしてしまい、反応に影響が出る可能性もある。そういったリスクに関しても意識をした方がいい。

一方、『その他の番組』。これは全般的にまずネタをやることはない。たまに自己紹介的に1分ほど漫才を披露することはあるが、あれはあくまで〝自己紹介〟だ。しっかり漫才を見て笑ってもらおうというより、こんな奴らが今からVTRを観てコメントしますね、という役割的なものだったりする。ネタをやらないとなると、たとえ出演するのがバラエティ番組だったとしても、漫才師としての魅力を伝えるのには限界がある。なぜなら、そこで繰り広げられるお笑いは団体芸的なものであったり、企画が用意されたうえで笑いを作っていくことが多いからだ。そういった環境下では、どちらか一方の個性を活《い》かすことは最低限できても、コンビとしての普段のネタのような笑いをそのままに盛り込むことはなかなか難しくなる。だからここでの目的としては、世間の人達にできるだけ顔や名前などを覚えてもらうこと。またはそこまでいかなくとも、こういう漫才師がいるんだなぁという残像だけでも与えにいく作業。いわば、漫才師としての〝広報活動〟というように捉えていた。

　中にはドッキリ番組のように、初めから自分に向いていないとわかっている種類のテレビもある。ただ、一度引き受けてみることは大切だと思っている。人間なんて、自分でも自分のことを把握しきれていないことはたくさんある。もしかしたらそこに何か発見があるかもしれないし、ほんとに苦手かどうかの答え合わせはしておく必要がある。食わず嫌いをするのではなく、苦手だと言いたければ実際に何がどう苦手なのかをはっきり言えなければ、失礼だ。だから一通りやってみたうえで、どれを選択して、どこに制限をかけていくのか。広報活動の部分においては、あくまで経験に基づいてバランスを取ってやっていくようにしていた。

こうやって寄席や単独ライブへの集客や満足度を高めることを目的としながら、テレビでの〝ＣＭ〟と〝広報活動〟に注力していく。あくまで、軸足は漫才師。だから、タレント的な振る舞いが求められすぎたり、タレントとして消費されるような企画には、常に危機感を持ちながら接することをしていた。それを着実に続けていった先に、きっと理想とする漫才師としての姿があるのではないかと考えていた。テレビ出演を引き受ける際、一貫して自分の中にこの意識があったのは、やはり過去に停滞していた7年間があったからこそ。だから、漫才師としてメディアと付き合っていくという〝軸〟を持つことができた。逆に言うと、そんな軸を持ってしまっていたからこそ、テレビの現場や周囲との会話で浮いてしまうこともあった。

目指す場所

2017年に上京してすぐの頃、先輩と飲みの席で話していると、ある芸人の名前が話題に上がった。その芸人さんは、漫才においては十分すぎるほどの結果を残しているが、テレビに関してはそこまで出演されているわけではない。今思うと先輩は『あいつらもっと何とかならんのかなぁ』という意味合いで名前を出したようだった。でも、僕はそれに気づいていなかった。僕からすれば、その人たちは〝漫才に集中することができる活動の下地〟が完全に出来上がっている状態なわけだ。だから、その真意に気づかないままに「めちゃくちゃいいですよね」と、羨《うらや》むような主旨の発言をした。すると、「お前それはイジってることになるよ?」と言われて本気で驚いた。その先輩だって、きっと世間からは〝国民的な漫才師〟として認識されているような方だと思う。だからこそ自分の漫才師としての価値観をもとに素直に語ったわけだが、その言葉が皮肉を言ったと捉えられるほどに、自分とは感性がかけ離れていたのだ。

そこで初めて、自分が思い描いている漫才師としての理想や活動の軸が、周囲と比べて異なっているのかもしれないと感じるようになった。世間からの印象としてざっくりと同じカテゴリーに分けられるような芸人であっても、それぞれに方針は違っていて、少しの差異のようでも実は大きく異なってくる。これは、視聴者や観客などの〝外側〟からではなく、いざ同業者や当人たちなどの〝内側〟から見なければ、わからないところなんだろう。実際、僕も明確にそれに気づくことができたのはこの時であった。

それ以来、僕は芸人と飲む時にそれとなく聞いてみることにしている。何を目指しているのか？　何を大切にしたいのか？　それによって、その人が今やっていること自体が、一見そこに直結しているように思えなくとも、なるほどそういう意図があって今はそれに取り組んでいるんだなぁ、と理解ができるようになるからだ。もちろん、見るからにわかりやすい人や、それが純粋に好きなんだろうと把握できる範囲の人には、わざわざ聞くことはしない。ある先輩に聞いた時は「テレビの真ん中にいきたい」とはっきり言っていた。数年後、その人は本当にテレビの真ん中にいった。

〝テレビ〟というものが一括りにはできないのと同じで、〝芸人〟も一括りにはできない。皆それぞれの理想や形態があって然《しか》るべきだし、それぞれの目指す場所があっていいと思う。むしろ、一番大切なことは〝目指す場所がなければならない〟ということだと思う。

競争が激しいとされる芸人の世界ではあるが、ある一定のラインを越えるとそれなりのポジションが与えられ、なんとなく続けていても普通に生活はできてしまう側面がある世界でもある。それは吉本興業というお笑いの大企業に所属しているからこそ、親が子を養うように、会社という窓口に入ってきた仕事をそれなりに分配してもらえることがあったり、一度ある程度のポジションを獲得すれば、同じような人材でぐるぐると仕事が回り始める傾向があるからだ。だからこそ、それに甘んじるのではなく、自分なりの軸を持つ必要がある。

どんなものを選び、どんな風に振る舞い、芸人としての養分にしていくか。自分もまだ芸人を続けていく上で、考え続けていかなければならない。

第二章　テレビとの付き合い方

舞台で必要なもの

数年間にわたって、舞台とテレビという二つの場所を行ったり来たり。そのサイクルを繰り返していく中で、顕著な〝違い〟を感じるようになる。

それは『舞台で必要となるものがテレビではとくに求められない』ケースがあること。

この話をするにあたって、自分が漫才をする上で大切になると思っているものを知ってもらう必要がある。例えば、ネタに関する着眼点・発想・構成なんかもそうだが、これらはすべて方法論の中に集約されるようなもの。大切であることには違いないが、これらを活《い》かすためになくてはならないもの、さらに言えば、それがなければネタが良くても殺してしまうことになりかねないものが存在する。それは、舞台上でその時の空気を摑《つか》みとる〝舞台感覚〟だ。

漫才師は、その日の客席に合わせてネタをやる必要がある。たとえそれが決まりきった定番のネタであったとしても、その時の空気に合わせて適切な間をあけて喋《しゃべ》ったり、言葉のニュアンスを少し変えてみたり、台詞《せりふ》に強弱をつけて発したりする。いわば、最適解を見つけるわけだ。それをやることによって、お客さんが大いに笑いやすくなる。

寄席という場所は、その日その時でまったく空気が変わるもの。ネタ中に笑いを取りにいく台詞を言った後、まるで重い腰を上げるかのように遅れ気味で反応が返ってくる日もあれば、次から次に笑わせてくれといわんばかりに反射的に笑いが返ってくる日もある。かと思えば、そういった人達が半々くらいで入り混じっており、個々が好きなところで好きなように笑う自由なお客さんたちの日もある。正直、そんな日は難しい。ネタの始まりで、どこに照準を合わせてどの程度ですすめていくのかを探りながらやらなければならない。誰かに合わせて笑わせにいきすぎたら、その誰かに含まれていない誰かは置いてけぼりを食らってしまう。

大きな笑いを起こすために、10分間という持ち時間の中でいかに空気をまとめ上げるか。それはとても繊細な作業になってくる。日々新しいお客さんと出会って、その度に最適解を見つけていく。これの繰り返しによって培われるのが〝舞台感覚〟であり、これをどれだけ持ち合わせているかが、俗にいう『腕がある』ということの証明だと僕は思っている。冒頭で述べた『舞台で必要となるもの』とはまさに、この〝舞台感覚〟のこと。では、これがテレビにおいてはとくに求められていないと感じるのはどういった時か。

バラエティや情報番組などで欠かせないのが、ロケ企画。どのテレビ局やどの時間帯でも見かけるものだし、自分もよくやってきた種類の仕事である。例えば、どこかのお店を紹介するロケに行って、店主さんが陽気なキャラクターでボケたがりな人だったとしよう。ロケとしては賑《にぎ》やかになるが、どうすれば視聴者を飽きさせずにより面白くできるかを考えることが必要となる。ここは芸人の腕の見せ所。1回目のやり取りはオーソドックスに拾う。2回目は、少し言葉選びや語気を強めにしてみる。3回目で変化をつけた拾い方をしてみる。変化というのは、その店主の発言自体に取り合うのではなく「あかん、この人ボケすぎてロケにならんから今日はもう帰ろう」とか「家族か誰か人質に取られてボケるよう指示されてる?」など、違った目線でのアプローチをしてみるということだ。こういった台詞の選び方や間の取り方一つで、現場が面白いと感じたり、店主本人にも楽しい気分になってもらえたりする。いわば、舞台感覚を用いて笑いを作っていくわけだ。

ロケを終え、現場単位での手応《てごた》えをクリアできたとして、いざ放送を迎える。その際、編集によって一連の流れが切り取られて放送されることがある。テレビの性質上、限られた尺に収めるためには当然のこと。ただこれが、1回目と3回目のやり取りを繋《つな》ぎ合わせて、2回目だけがなくなっている場合なんかがある。そうなると、映りとしては急にぐっと踏み込んだ言葉選びや態度になっていたりして、現場で段階的に積み上げたバランスが狂ってしまい、視聴者目線での受け取り方が変わってしまう。

あくまで番組的には、お店の情報を芸人が楽しくお届けしてくれたらいいわけだから、とくに問題がないことはわかる。でも、漫才師としての目線でいうと、映像の中の自分は随分と繊細さを欠いた雑な仕事をしているなぁという風に思えてしまうのだ。今のように途中のやり取りを一つ省いた編集以外に、稀《まれ》に時系列そのものが入れ替わってしまっていることだってある。こうなると、芸人としての振る舞いに関してはまるっきり別物となってしまう。

番組にもよるが、編集における最優先事項は〝笑い〟ではなく〝情報〟であったりする。だから、これは起こりうることだし許容するしかないだろう。そして編集とは、〝現場にあった出来事や雰囲気をいったん壊して再構築する作業〟であったりもする。その作業をやるということは、〝現場で導きだした最適解〟が、必ずしも〝放送時の最適解〟とは限らなくなるということ。つまりは、常に最適解を叩《たた》き出すという漫才師の〝舞台感覚〟は、それほど重要ではないということになってくる。

流れの中にこそ勝算を見出《みいだ》す、漫才師。

壊して並べることに勝算を見出す、テレビ。

ここに〝違い〟があるように思う。

テレビで必要なもの

舞台で必要なものがあるように、テレビにおいて必要なものもあると思っている。そして、『舞台で必要となるものがテレビではとくに求められない』ケースがあることと同様に、『テレビで必要となるものが舞台では役に立たない』ケースもあると考えている。

まず、テレビで必要となる割合が多いものとは何か。例えば、最近よく『ロケに行ったVTRをスタジオで観ている人間が拾うことでようやく完成となる形式』の番組を見かける。漫才師とは、本来その場を自分達だけで成立させることが求められており、それができてこそ実力があると認められる。でもこういった形式の番組では、あまりにしっかりとロケの現場でやり取りを成立させすぎると、スタジオでやる仕事が減ってしまい、すべての役割が機能しきらないまま不完全燃焼に終わった感じになってしまうことがある。理由は、その番組の構造自体が変わることになるから。ロケの撮影が終わった時点では、まだ番組として7割ほど出来上がったといったところだろう。そこからVTRをスタジオで流して、ああだこうだと出演者に拾ってもらう。要するに、最後の仕上げをスタジオがやることでようやく完成となるわけだ。だから、現場で完成させすぎることが必要ではなくなってくる。

むしろこういった番組において、現場で求められるもの。それは、粗っぽく大胆な振る舞い。これがあることで、VTRに〝隙〟が生まれる。この〝隙〟というのは、テレビを主戦場としてやっていく上でとても重要になってくる。テレビの世界で愛されているタレントを頭に思い浮かべて欲しい。必ずといっていいほどこれがあるはず。隙があれば、周囲からのわかりやすい標的となり、テレビにおける団体芸の輪を広げていける要因となるからだ。そこに理解が及ぶと、次第にロケに行く側の人間も、最初からそれを計算に入れてあえて現場では雑に大味に振る舞うことを意識するようになったりもする。それがその芸人にとって自然体であったり、目指すべき場所に繋がる振る舞いであるならいい。ただそうでなかった場合、自分の基本スタイルからブレたことをして、本来の良さを失っている状態に陥ることになる。これはもう〝自ら舞台感覚を放棄した〟とも言える。

大味に振る舞うことの旨《うま》みを体が覚え始めると、大切な舞台におけるパフォーマンスにも侵食してくるようになる。舞台という環境にいるのは、自分とお客さんのみ。あくまで完全に単体で笑いを成立させなくてはならない。そんな場所で粗っぽく大味に振る舞ったところで、お金を払って観に来たお客さんが笑うことはないし、ましてや成立させてくれるスタジオがどこかにあるわけじゃない。すなわち、漫才師としての舞台においては役に立たない振る舞いであるし、むしろ毒になる。

舞台で成果をあげてテレビの世界へ本格的に移行していった芸人たちが、久しぶりに舞台に立つとパフォーマンスが落ちていることがある。これは僕があくまで劇場という場所にずっと拠点をおいて活動していた経験があるからこそ、わかることだ。単純に舞台に立つ回数が減ったからとか、近年はネタを練り上げていないからとか、そんな理由もあるかもしれない。だけど、一番はそうじゃないと思っている。テレビと舞台で求められることの〝違い〟をしっかり認識して、そこに確固たる線引きができているかどうかだと思う。当人が意識してうまく使い分けているつもりでも、徐々にその線引きは曖昧《あいまい》になってしまうもの。それによって〝舞台感覚〟が損なわれて〝隙〟ができていく。隙は愛される要素になるが、芸の綻《ほころ》びを生む要素にもなる。舞台における大切なものは、身につけるのには時間がかかるが損なうのはあっという間だ。自分も初めは迷いながら使い分けを意識してやってみたこともあったが「不器用な自分がこのまま続けていくとまずいな」という感覚を持つようになってからはやめた。中には、二つの場所において使い分けが徹底できており、素晴らしいパフォーマンスを見せている芸人もいる。だから、一概にではない。そしてテレビのすべてが今述べたようなことに繋がるわけでもない。ただ、二つの場所で求められるものには〝違い〟があって、そこを深く理解して実行に移すこと。それができなければ、知らぬ間に二つの場所のどちらでもない〝狭間《はざま》の中途半端な場所〟に立ってしまっている、なんてことはあると思う。

持ち主の特権

なぜ、テレビと舞台において求められることの〝違い〟が生まれるのか。わかりやすく言えば、ネタの〝持ち主〟が違うからだ。

漫才師がやるネタの持ち主は、もちろんその漫才師。自分が面白いと感じているテーマを、自分で探して見つけて、どんな風に笑いに仕上げていくのか。それらすべてを自分たちの手によって作り上げていくわけだから、まぎれもなくそのネタの持ち主は漫才師である。

一方テレビにおいては、番組の形式・扱いたいテーマなどは、事前に会議によって決められている。それをどんな企画で、出演者は何人ほどで、時間尺は何分でやるかなど、すべてがまとまった上で台本が作られる。そして、オファーを引き受けた演者のもとに、その台本が配られていく。よって、テレビとはまぎれもなく〝テレビ側のネタ〟ということであり、そこに参加する出演者はあくまで〝ネタの一部〟ということになる。ネタの持ち主が違うということは、ネタに関する最終的な決定権の持ち主も違ってくる。だから、演者側にもっとこうして欲しいとか、それは必要ないからこう振る舞って欲しいという、要求があって当然となる。

僕がよく経験したものを例に挙げると、ロケ現場でのテンションの指示。ロケでは大抵まず初めに〝オープニング〟というのを撮る。「どうも、〇〇です！　さぁ、今日は△△にやって来ております！」みたいなものだ。昔から僕はこのオープニング撮影において、よく「もっと元気よく明るく！　テンション上げていきましょう！」という指示を受ける。自分では普段より声色などを上げているつもりでも、周囲にはそうは見えていないのだ。これは体温に近いようなものだと思う。平熱は、人によって違う。誰かにとっては36度台だったり、誰かにとっては35度台だったりする。平熱36度の人が37度で熱っぽさを感じるのと同じように、35度の人からすれば36度ですでに発熱しているわけだ。おそらく僕はそこが低いのだろう。だから、自分としては不自然なほどテンションを上げて喋っているつもりでも、向こうからすればまだまだ低いと感じられることが多々あった。そんな時いつも、残念ながら僕はあなたが思っているような元気や明るさが前面に出るような人間ではない、という思いにはなる。ただ、僕はあくまで〝ネタの一部〟なわけだ。向こうの頭の中には『微熱＝37度台』のように『若手芸人＝元気で明るい』の図式がすっかり完成しており、それが求められている。だから〝実は36度台でもう発熱してます〟という個性は、そこに必要なくなる。

他にも、ある芸人の話で印象的だったものがある。『毎日決まった時間に、変わった行動を取る人が近所にいるから調査をして欲しい』というロケに行った時のこと。いざ現場で張り込んでみると、聞いていた話とは全然違って、まったくその行動を取ってくれない。一向にカメラに収めたいものが撮れず、現場に不穏な空気が流れ出す。このままではまずいと思い、その芸人は何とか言葉を尽くして立ち回り、何度も状況を打開しながら、最後は大きな笑いにまで持っていったそうだ。後日、そのＶＴＲはスタジオで流れたものの、検証結果としてサッと一瞬流れたくらいだった。そこには彼の現場での奮闘はまったく描かれていなかったらしい。当然、スタジオも盛り上がらない。そんな話を飲みの席でしながら「あの時、現場でどうすれば良かったのかなぁ」と、その芸人はこぼした。だけどこの場合、あくまで彼は漫才師としての〝舞台感覚〟を用いて目の前にいる人間を笑わせたわけだ。その結果、放送上の手応えは得ることがなかったというだけ。これはもうとどのつまり、彼が〝そのネタの持ち主でなかった〟としか言いようがない。これらを通して思うのが、初めから完成図が決まっている中でのイレギュラー、つまりは〝ネタの一部側によるアドリブ〟というものは、持ち主側にとっては不必要なものになってしまうということだ。

たしかに、これは漫才にも通ずることである。ネタというのは事前に作り込めば作り込むほど、そこには余白が無くなる。決まりごとが増えるから、自由が利かなくなってしまうのだ。だけど、ネタを緻密《ちみつ》に練り上げていくことはやはり大切なこと。時にはやればやるほど客観視することが難しくなって、一度はネタが散らかってしまうことはある。でも、そこを越えるとさらに良くなることは経験上間違いがない。それを舞台へ持って上がり、練り上げたネタのわずかな隙間ほどの余白を縫うようにアドリブを入れたり引っ込めたりする。そして、その境目が観客にはわからないほどに、本来のネタとアドリブを融合させることができた時、本当に素晴らしい仕事をしたと言えるんだと思う。

テレビももっとそういう在り方でいいのではないかと僕は思う。完成図はきっちり仕上げておいて、その上で現場でのアドリブと呼べるような要素と上手《うま》く融合させる。自由が利かないほど練り上げられたものを、未知の部分によって仕上げることを前提とする。そんな完成図を描くことができたなら、もっとテレビが面白くなるんじゃないだろうか。

漫才師が寄席で与えられる時間は10分間。当然、事前にやるネタは決めている。だけど、もし開始早々にアドリブが大きく受け入れられたとして。そこに、漫才師としての嗅覚《きゅうかく》が反応したのであれば、10分間すべてをアドリブで完結させたっていいわけだ。実際に、すべてとまではいかないが自分にもそんな舞台はあった。漫才師が劇場からお願いされているることは『お客さんを笑わせる』ということだけ。その条件さえ満たしていれば、本人側が〝これでいい〟という最終判断を下すかどうかだけの話。そうできてしまえるのは、漫才師側がすべての責任を背負って舞台に立っているから。

自らの責任において、すべてを予定調和にすることもできるし、すべてを覆してしまうことだってできる。これが、ネタの持ち主である側の特権だと思う。

責任を背負うということ

テレビ番組であれ漫才であれ、そのネタに対する〝責任〟というものは、持ち主側にあるべきだ。というより、持ち主側にあることが必然だと言える。〝ネタを自由に扱ってもいい特権〟を持つということは、持ち主側が〝これでいい〟という最終的な意思決定をした上でネタが提供されているということ。つまりは、すべての責任を持ち主が背負うという条件のもとに、テレビや漫才といった〝ネタ〟が存在しているわけだ。ただ最近、そのネタにおける責任の所在が不明瞭《ふめいりよう》になっているように感じることがある。

ある芸人が舞台上で〝これはきっと面白い〟と狙ってやったことが、笑いにならなかったとしよう。この場合、その責任はその芸人にある。これは明白だ。だけど、テレビの場合は少し違う。例えば、ある新番組が始まったとして、視聴率や評判があまり良くなかったとする。その時、どういったことが予想されるか。今の時代はネットによってお茶の間の反響がすぐに可視化される。その反響を都合のいいように一部切り取ったものだけで、ネット記事が生み出される。そこで叩かれる標的となるのは、タレントや芸人だ。もちろん番組の中で与えられた役割をきっちりと全うできず、そこにおける力不足があった場合、演者としての責任はある。ただ、往々にしてそういった記事の内容はというと、テレビの企画・演出を問題視するのではなく、出演者のキャラクター性・力量などへの批評が並ぶ。

仕組みはこうだと思う。ネット記事というのは、一つのメディアである。そして、その母体には新聞社だったり、そのさらなる母体にはテレビ局やラジオ局というものがあったりする。仮に母体がそうでなくとも、メディア同士として横の繋がりは持っていたりする。メディアがメディアを叩き出したら、共食いが起こって、メディアの世界が崩壊してしまう。それは全員が避けなければならない。だったら、タレントや芸人を記事の標的にしておけばいい。その方が、名前も売れている分閲覧数も伸びる。時には過大に賞賛したり、時には揚げ足取りをしてみたり。持ち上げておけば落としやすく、落としておけば持ち上げやすい。この振り幅に食いついてくれる大衆が一定数いるから、記事へのアクセス数が担保されて、広告が付く。それがお金を生み出すことになって、標的以外の誰も傷付かずに利益を得ることができる。こうやって、メディア周辺の世界は動いているように思う。

だからこそ番組の内容があんまりだったとしても、企画や演出、またはそれを束ねるプロデューサーや構成作家などの番組側が叩かれることはあまりない。ただ逆に、担当する番組のヒットが続くと、今度はプロデューサーや作家などの制作側が評価の対象となることはある。昔から名の通った優秀な裏方と呼ばれる方々はたくさんいるが、それはメディアがそう扱ったことで、名が通るようになったわけだ。そして、そんな人たちは今の時代にもいる。きっと評価に値する仕事をしていることは事実だろうし、そもそもが〝ネタの持ち主側〟なわけだから、それ自体には何も思わない。ただ見落として欲しくないことは、どんな状況においても必ず矢面に立っているのは〝演者側〟だということだ。

僕は極端なほどに漫才師至上主義なところがある。それは、わかりやすく全責任を背負って舞台の上に立っているからだ。ネタを作るのも、演出を凝らすのも、演じるのも自分。映画でいうところの監督・脚本・演出・主演など、すべてを担っている。もし漫才にエンドロールがあったとしたら、ひたすら自分の名前が流れ続けることになる。漫才はよく『マイク一本で笑わせる』と格好良く形容されることがあるが、マイクだって声を届けるために必要なだけ。だから、本当はマイクすらなくても成立はしている。一つのエンターテイメントとして、観客を楽しませることが自己完結できてしまえるのが、漫才師。その能力を持ち合わせながら、どんな時でも矢面に立ち続ける。優秀なテレビマン、優秀なディレクター、優秀な構成作家はたくさんいる。凄《すご》い人は凄いことに変わりはない。ただやはり、目に見える形で責任を背負って勝負している芸人、つまりは舞台に立ち続ける芸人が自分にとっては一番凄い。

思考の堂々巡り

テレビにおいて、自分をメインとして扱ってくれる企画や、冠番組と呼ばれるものがある。これは光栄なもの。自分たちの名前を使って放送することに、テレビ局側がその企画や番組に、価値・メリットがあると判断したということだからだ。自分も芸人として一つの目標にしていたし、憧《あこが》れも持っていた。そして、有難いことに経験もさせてもらった。ただ、冠番組であったとしても持ち主はテレビ局や制作側であることに変わりはなく、最終的な決定権をこちら側が持っているわけではない。それでも〝その位置に立つ〟ということは、その責任を自分も背負う必要があると考えていた。

基本的には、出来上がった企画を台本という形で渡されて、その役割を全うすることが一番の仕事となる。事前に台本に目を通して、ここはこうした方がいいんじゃないか、これはちょっと違うんじゃないかなど、率直な意見を伝えてスタッフと話し合う。さらに良いものにしようと内容を微調整した上で、収録に臨むわけだ。

ただ時には、微調整ではどうにもならないほどに、自分の感性がそれを〝面白い〟と思えない内容・演出の時がどうしてもある。責任の一端を背負うということは、全部ではないにしてもどこか自分も心から〝面白い〟と思えていなければならない。本当はおすすめできない商品を視聴者という他人にすすめて売ることは、詐欺まがいの行為に思えてしまうからだ。そのためには、企画や内容に口を挟むことになる。

信頼が築けている関係性なら、たとえ意見が食い違っても議論ができる。だけど、テレビは初対面であったり現場でしか顔を合わさないスタッフと共に、即席でチームとなってやる場合が多い。そんな中で議論をするということは、意見が食い違った時、見えない所で摩擦を生むことだってある。責任を背負うために、本音でぶつかる。だから、口を挟む。それが、摩擦を生む。そんなことが続くと、口を挟むのが面倒にも思えてくる。だけど、言わなければ無責任ということになる。

堂々巡りを繰り返す日々。次第に、自分の中に釈然としない思いが積もっていく。そんな折、ある番組に出演した際にこんなことがあった。

スタジオでＶＴＲを観て、パネラーが一言ずつコメントをする形式のバラエティ番組だった。僕はパネラーの役割でその現場にいたわけだが、同じくパネラーとして若手のテレビに出始めてすぐの芸人もいた。その芸人がコメントを振られた時に、なかなか上手くいかなかった。どうやって面白くしようか、何を言えば笑いになるのか、またはスタッフの意向に応えることができるのか、きっとその芸人の中でいろんなことが頭を巡っていたんだと思う。単純に力不足だと言ってしまえばそれまでだが、まとまらないままにコメントをしてしまった為に笑いはなく、それで余計に追い込まれてしまう。どうにもならなくなった時、スタジオにいるテレビでお馴染《なじ》みの芸人さんが言った。

「いや、一つの番組収録でそんなに気張ってたら身がもたないよ」

そのフォローで現場は少し和んだ。僕もその瞬間は「まぁたしかに」という風に笑っていたと思う。だけど、なにか違和感も残った。その正体が何かを突き詰めていくと、この人の言うことが正しいとするならば、一つの仕事に対してそこまでの熱量を注ぐことが〝間違い〟になってしまう場合がある、ということだ。この人だって、決してそこまでのニュアンスで言ったわけではないことは理解している。ただ、その言葉の深層部にあるものを見える範囲まで引き摺《ず》り出してくると、そういう解釈になるのではないか。

だけど、納得できる部分もある。なぜなら、僕が抱えていた問題も、この一言が解決してくれるからだ。責任だとか無責任だとかそこまで考える必要はなく、もっと割り切ってやればいい。ダメだったとしてもまた次へと、省みることなく進めばいい。そんな風に背中を押してもらえると、もっと素直に仕事ができる。たとえ内容に思うところがあっても、〝与えられた企画を面白くする〟という方向に全力で舵《かじ》を切ることができるのだ。でも、これでは本末転倒ではないかとも思える。自分の中にある〝面白いという感性〟を売りにするはずの芸人が、『テーマ』というまず一つ目の材料を譲歩してしまっていいのだろうか。「この野菜、ちょっと傷んでるなぁ」と思いながらも、それをプロの料理人として全力で美味《おい》しい一品に仕上げるのか。それとも野菜が傷んでいると思ったなら、傷んでいない野菜を用意し直して、美味しいと思える一品を作るのか。僕にとって良い仕事をするということは、後者の方ではないかと思える。だったら、やはり口を挟む必要はある。そうなると、摩擦を生むことに繋がる。違う順路を辿《たど》ってだが、また悩んでいた堂々巡りの中の一つの地点に戻ってきてしまうのだ。


漫才や舞台における芸の悩みでは、こんなことはない。

なぜ、これがウケないのか？

どうやったらウケるようになるのか？

少し言葉を変えてみよう。

わかりやすく表現を濃くしてみよう。

いつもシンプルだった。じっくり時間をかけて向き合いながら、一つの良いものを作っていけばいい。もちろんそこに使う材料は、自分の目利きで仕入れた抜群のもので。


〝理想とする漫才師像を摑む〟という軸を持ちながらテレビの現場へやってきた自分にとって、この循環をバランスを取りながら乗りこなしていくことは難しいことだった。芸人として譲るべきではないものと、仕事として折り合いをつけるべきもの。責任と、妥協。今も変わらず、その堂々巡りの中にいる。

広報活動の見落とし

テレビ出演のオファーが集中した時期に、単独ライブのチケット応募数も急増した。そうなる前も、８００席ほどのなんばグランド花月のチケットがすぐに完売になってくれるくらいにはなっていたが、全国区での結果を残した途端、一度に約1万５０００件ほどの申し込みがあった。

これには少し内幕があって、チケットサイトで申し込むためにはスマホなどで作ったIDが必要となる。通常は、一人が一つのＩＤを作って応募をするわけだが、絶対に当選したいという一部の人が、いくつかの端末を使って複数のＩＤを作って応募をしてくる。こうすることで、本来なら一件のところが三件の応募になったりする。また、当時はチケットを最初から転売目的で購入する連中も多かったので、諸々《もろもろ》加味すると実際の数よりも膨れ上がっているとは言える。ただそれを差し引いてもあまりに爆発的に伸びたことで、全国区の賞レースで結果を残すということの影響力を、怖いほどに感じた。

それと同時に、すでにテレビで活躍しており十分に面白いと評価されている芸人のライブチケットが伸び悩んでいるという事実があることを、この時初めて知った。当時の僕は、何にしてもテレビに出れば出るほど知名度が上がり、必然的にチケットの売り上げは伸びると信じていた。だからこそネタ番組はCMであり、それ以外の番組は広報活動。そんな軸を持って、テレビと舞台を両立させていく活動を目指していた。でも、それはあまりに浅はかだったことに気がつく。

知名度を上げるうえで有効的なものは、やはり冠番組。どういった番組内容かにもよるが、とにかくコンビの名前が番組タイトルについている時点で、目に触れた時の覚えてもらいやすさが違う。

東京に拠点を移してしばらく経った頃、地方局から初めて冠番組のオファーをいただいた。純粋に嬉《うれ》しかったし、毎年全国ツアーで地方にも足を運ぶことは活動の一環でもあったため、断る理由などなかった。すぐに話が進み、番組がスタートする。その番組は毎週30分の放送ということで始まったのだが、珍しいことに毎週再放送があった。本放送が深夜、再放送が昼に流れる。テレビの性質上、この2回の放送がまったく違う時間帯に流れることによって、深夜は若者中心、お昼は子供からお年寄りまでと、幅広い年齢層に観てもらえることになる。実際ロケをしている時、小さなお子さんが声をかけてくれたかと思ったら、次は若い学生さんが手を振ってくれたり、時には腰の曲がったおばあちゃんが握手を求めてきてくれたりした。そうやって、番組の視聴者層を目の当たりにしているなと実感する機会もあった。そして、ありがたいことにこの番組は視聴率が良かった。10%を越える時もしばしばあり、それに加えて全国放送のテレビ出演なども重なってくると、その地域ではなかなかの頻度でテレビで見かける漫才師ということになってくる。言ってしまえば、プチスターみたいなもんだ。

　そんな状況の中で、毎年開催する全国ツアー。事前のチケット応募数は、やはり大阪・東京の二カ所が断然多い。これに関しては、人口の多さや笑いという文化が根付いていることが大きいように思う。次いで名古屋《なごや》や福岡なども比較的多い。注目すべきは、それ以外の地方都市。これが不思議なことに、軒並み同じくらいとなる。冠番組を持っていて、週に2回も30分間余すことなく自分たちが映し出されるうえに、視聴率も良好。なのに、その放送が観られる地域も、なぜかそれ以外の地方都市と同じくらいの応募数に留《とど》まってしまうのだ。地域の特性もあるのかもしれない。ただそれにしたって、僕には不思議でならなかった。ここで、自分が思っていたようなプロモーションがなされていなかった現実を知る。

僕は、『毎週テレビで観る人』がライブをやるとなると、一度生で観に行ってみようという発想に至ってもらえると考えていた。だけど、毎週テレビで観られるということは、ライブに足を運ばなくとも『毎週テレビで観られる人』ということになる。すなわち、関係性として『漫才師と観客』ではなく、『出演者と視聴者』という構図が知らない間にきっちりと出来上がってしまっていたわけだ。両者を繫ぐものが〝漫才〟ではなく〝番組〟となることで、ライブへの動員にはそこまで影響しない。そこでようやく、すでにテレビで活躍していた芸人のチケットが伸びていなかった事実にも、合点がいった。もちろん中には僕が考えた通りの順路を辿って、ライブに来てくれた人もいると思う。だけど長期的にテレビ出演数に伴ってライブの応募数も増えるわけではない状況が続いたことが、大半はそうではないことを表している。

漫才師としてお客さんを摑みたいなら、漫才で。爆発的に応募数が伸びた理由は単純で、ネタを観たいと思わせたいなら、ネタの持ち主側である姿を見せなければならない。

イメージのずれ

テレビ出演を増やしていく中で、もう一つ認識不足だったことがある。それは『テレビの中で見せた一面が、視聴者に偏ったイメージを与えることがある』ということだ。

テレビは性質上、出演者のメインとなりやすいA面だけを切り取って扱う。○○タレントとか○○芸人とか、○○派vs○○派なんていう風に、出演者を一括《ひとくく》りにした構造がテレビには多い。これは、いかに視聴者にわかりやすく見やすい番組作りをするかに特化させた結果、こうなっている。出演者にポジションを与えておくことで、その番組全体を観る時にどういう見方をすればいいのかが明確になるのだ。また、その方が笑いも作りやすい。例えば、鬼嫁夫婦とか言っておけば、夫の発言に対して嫁が一喝するだけでもう笑いになる。イメージを固定することで、笑いまでのストロークを速く短くできる。視聴者を飽きさせる隙を与えてはいけないテレビにとって、このやり方が最適となる。

テレビを主戦場にするタレントからすれば、こういったイメージを確立してもらえることは、仕事をやりやすくする武器を授けてもらえるようなものなので、ありがたいことだと言える。ただ、漫才師として考えた場合、必ずしもそうとは言い切れなくなってくる。

まだ僕が芸人になる少し前、初めて劇場へ生の漫才を観に行った時のことだった。普段、テレビで観る漫才師たちのネタに、やっぱり面白いもんだなぁと、笑うと同時に感心させられていた。その中の一組に、普段はそこまで漫才のイメージはないが、テレビでよく見かける芸人がいた。舞台上に登場した時、僕はテンションが上がっていたと思う。そこから漫才が始まるわけだが、しばらく観たところで笑えていないことに気づいた。面白くなかったから、という単純な理由とも違う。なにか面白いとか面白くないとかではなく、もっと根本的なこと。その理由が何なのかを考えると、〝漫才の内容がその芸人のイメージと一致しなさすぎた〟からだった。

いつもテレビで観るその人たちは、ボケ側の人が番組を仕切るＭＣの役割。そして、ツッコミ側の人が抜けているところがあってイジられ役のような印象の人であった。ＭＣというのはしっかりと番組を進行したり、その場を回したりする必要がある。そこに笑いも入れるとなると、人に指摘をするツッコミ的な笑いの取り方になったり、持論をぶつけたりするような種類のものとなる。実際、その方もテレビでそんな振る舞いをされていた。

そして、その対象となるのがツッコミ側の人であることも多かった。ところが僕がその日劇場で観たネタは、ボケ側の人が大胆におかしなことを言ってとぼけてみせたり、ツッコミ側の人もそれを常識人としてしっかり諌《いさ》めたりするようなネタだった。要するに、普段テレビで観ているイメージと、目の前で繰り広げられるネタの内容に〝ずれ〟が生じてしまっていたのだ。そこがしばらく引っかかって、笑いの妨げになっていた。もし僕がその人たちのことをまったく知らず、何のイメージも持たない白紙の状態だったなら、もっと素直に笑えたのかもしれない。

自分がテレビ出演を重ねて、その時々で切り取られた露出を繰り返していく中で、そのことを思い出した。人間というのは、この人は〇〇だと端的に片付けられるようなものではなく、もっと多面的なもの。Aという面もあればBという面もある。Bという面もあればCという面もある。そんな風にたくさんの顔を持っていて、それらすべてがその人間を形成している。だけど、A面のイメージが定着しすぎると、もし次の新しい顔を見せたとしても、『AなのにBなところがある』という風に、Aがありきの上積みにしかなっていかない。鬼嫁夫婦に当てはめると、普段は嫁が夫を尻《しり》に敷いている。なのに、虫が苦手でその時ばかりは悲鳴をあげて夫に抱きつく、とかいうエピソードがあったとすれば、これも歴《れっき》としたAという前提の上に、虫が苦手というBが乗っかっていることになる。笑いになりやすくはなるし、これがその人たちの性格通りのプロモーションになっていれば何も問題はない。ただこれが漫才コンビという形態となると、そのバランスを広く知ってもらう必要があることと、またそれとは別で各々個人としての人格までもを知ってもらう必要があり、より複雑になってくる。果たして、そんな精度の高いプロモーションがテレビにおいて可能なのか。いずれにせよ覚えておかなければならないのは、一度定着したイメージからは逃れにくく、気づいた時には戻れなくなることがあるということ。

テレビによって〝偏った切り取られ方〟を発信し続けることは、漫才師として良いことなのか。そこで生まれた〝ずれ〟は、時にネタでの振る舞いへの煩わしい制限になってしまわないか。テレビと舞台という二つの場所を行き来する中で、そんな思いを僕は持つようになっていった。そして今、自分は客観的に見て少しの知名度を得た。もし、この本を読んでくれている人の中に「こんなことを考えるような奴だったんだな」と意外に思っていらっしゃる方がいたとしたら、そこにはもう〝ずれ〟が生じ始めてるんだと思う。

コスパを求める時代

全国ツアーのチケットの売れ行きを通してわかったこと。それは、頻繁に『テレビで観られる』のであれば、ライブではなく『テレビで観る』ことが習慣になるということ。そうなると、たとえライブが開催されたとしても、わざわざその習慣から抜け出してまで『ライブで観る』必要もなくなる。つまり人は、その〝対象となるもの〟と〝自分〟との間に、自然と相応《ふさわ》しい距離感を確立していくようになるわけだ。

例外としては、ある番組自体が〝メディアとしての熱狂的な支持〟を得ている場合、〝そのメディアとして銘打ったイベント〟には、そのファンの人たちが集まってくれることはある。理由は、プロモーションと提供するものが同じものであるからだ。

プロモーションの中身と、提供するものの中身。これが限りなく同じものであることを明確に理解していただけないと、足を運んではもらえない。ここが僕の大きく見誤っていたところだと思う。ただ、どんな形でお笑いを楽しむかなんて個人の自由だ。だからライブに足を運ぶことはなくとも、テレビやラジオで楽しむ人がいてもいい。むしろ、お笑いとはそれくらいの付き合い方をしている人の方が多い。そんな中で、本来ならライブの客席にいた人がその場所を離れていくケースもある。そこには、今の時代が生んだ要因となるものがあると考えている。

2020年にコロナが流行《はや》って、吉本の劇場は一時的に休館を余儀なくされた。それまで当たり前のように毎日寄席をやっていた日常が、一気に変わってしまったのだ。芸人はもちろんのこと、よく劇場へ観に来てくれるお客さんたちからも、残念だという声があがった。劇場での生の笑いが止まる。そんな状況を何とかしようと、会社は劇場にカメラを設置して、ライブを配信するようになった。初めは無観客で笑いがない映像をただただ流すことをした。徐々に世間の様相が変わっていくにつれて、3割や5割など、お客さんの人数に制限をかけてだが観客ありのライブを再開するようになった。そこで、実際に観に行きたかったけどチケットが取れなかったという人たちが、配信チケットを購入して、自宅からリモートでお客さんになってくれた。コロナ禍の間は、このようなやり方が主流となった。そして、約2年ほどかけてようやく劇場が日常を取り戻した頃には、コロナ禍の産物として〝ライブ配信〟というシステムだけが残った。それにより、これまでは劇場へ行かないと観れなかった生のライブを、自宅にいながらにして観られることが普通となったのだ。ここで何が変わったか。開催されるイベントに対して、口々にお客さんたちから「このライブは配信はないんですか？」とか「配信があったら観ます」といったように、配信に対する要求が高まったのだ。よく劇場に初めて観に来てくれた人から「やっぱり生のお笑いは面白いね」とか「テレビで観るのと劇場で観るのはまた違っていいね」という感想をいただくことがある。本来ならそういった生のお笑いの良さを誰よりも知っているはずの常連と呼べるようなお客さんたちが、一定数は〝配信側〟に傾くことを助長したのではないかと僕は思う。劇場まで観に行くには、時間と労力やお金もかかる。そのうえ、チケット料金は配信の方が安い。諸々の小さな理由を挙げていくと「配信があるなら今回はそっちで手を打つか」となる気持ちは十分理解できてしまう。

他にもコロナ禍で一気に加速したのが、芸人によるYouTube配信。ライブができない、収入も厳しい、そんな追い込まれた状況の中でたくさんの芸人たちがYouTubeチャンネルを立ち上げた。世の中の風潮としても、おうち時間という言葉が生まれたように、家で一人で過ごすことによりスマホを触る時間が増えた。それらが見事にかち合ったことと、もともと自分が持っている性質とYouTubeとの親和性が高かった芸人なんかは、むしろコロナ禍がいい機会となって仕事を広げていった。今では芸人がYouTubeをやることは普通になっているが、それはこの時期に手をつけた芸人がたくさんいたからだと思う。

世間の流れがそちらの方へ向くと、やはり自分のところにも「YouTubeはやらないんですか?」とか「こんな感じのチャンネルやって欲しいです」といった声が寄せられたりもした。もし、自分がコント師であればコント動画をアップするYouTubeチャンネルをやっていたと思う。コントはその世界の中で、そこの住人として会話をすすめる。だから極論、無観客でも成立はしていると言える。でも、漫才は違う。センターマイクが用意されている時点で、これを使って語りかける対象がいるという前提のもと会話を披露する、という演芸だ。だからあくまでお客さんの反応もあってこそ成立するものだと思っている。

YouTubeをやらなかった理由は、素直に漫才師としてYouTubeを利用して発信したいものがなかったというだけ。そんな中、なぜやらないのかといった声があがったことは、周りの状況を見ていると理解はできた。だけど、自分にとっては純粋に漫才を求めてもらえることが嬉しいことであり、またそれがこれまで劇場に来てくれていた人たちにとっても一番喜んでもらえることだと思っていた。自分の今が在るのは間違いなく〝舞台における芸〟のおかげでしかないし、何よりも生の笑い声を大切にしてきたつもりだったからこそ、そういった声を聞く度に少し寂しいような気持ちになった。

テレビもライブ配信もYouTubeも、すべてに共通して言えるのは〝コスパが良い〟ということ。YouTubeなどのSNSに関しては、動画視聴者は一切のお金を払わずに無料で楽しめるわけだ。チャンネルも多種多様であり、好きな時にどこに居ても観ることができる。最高の時代だ。そんなものが溢《あふ》れる時代に、劇場は「今から笑わせます。だからお金ください」と言って、人を集めているようなもの。とんでもなくアナログだ。これからまた新たな何かが生まれて、コストをかけずに楽しめるエンターテイメントが現れてくると思う。それでも、対面で披露されるものにしかない唯一の何かはあると信じているし、コスパの壁をひょいっと越えてでも観に行きたいと思わせる、そんな芸人になりたい。

芸人が裏側を見せること

コロナ禍の真っただ中、劇場がまだ休止と再開を繰り返している不安定な時に、ある密着番組のオファーが入った。毎日放送の『情熱大陸』。この字面を見ただけで、頭の中でバイオリンの音色が響いてくるくらい、長年にわたり放送されているドキュメンタリー番組だ。過去にも漫才師や芸人が密着の対象となったことはあったが、まさかこんな状況の中で自分たちに話が来るとは思ってもみなかった。担当ディレクターのお名前を聞くと、昔から一緒に仕事をさせてもらってきた関係性のある方だった。密着番組において、絶対にインタビュアーは気心が知れていた方がいい。より本音が撮れるし、対象となる側もやりやすかったりするからだ。それでも、正直迷うところもあった。

昔からこの世界には〝芸人は裏側を見せるべきではない〟という共通認識が存在している。これは誰ともなく、諸先輩方から度々聞いたことがあるような言葉であり、自分もまったくもってその通りだと思っていた。ネタはどうやって作っているのか、どんな風に稽《けい》古《こ》しているのか、舞台袖《そで》ではどんな雰囲気で出番を待っているのか。こんなところ積極的に見せる必要なんてない。お客さんには関係のない部分だし、むしろこちら側もやりづらくなるだけだ。過去にも「全国ツアーの密着取材をさせて欲しい」という特番のオファーが来たこともあったが、断っていた。それくらい、自分にとって密着番組はあまり気がすすまないというのが本音であった。

この話をもらった頃、ちょうど漫才師として大きな転換期を迎えていた。それは〝すべての賞レースへの出場を辞退する〟と、決断した時期であったからだ。それまでは、吉本へ入るためにオーディションを受けて、あらゆるネタ番組に出るためにオーディションを受けて、関西の賞レースで勝ち上がるため、全国の賞レースで勝つためにと、漫才を続けてきた。常に〝〇〇のため〟という目的がある中で、漫才をやる必要があった。純粋に面白い漫才がやりたい、そんな真っ直ぐな気持ちも根底には持っていたが、じゃあなぜわざわざ優劣をつけられる場所に挑むのか。それは、将来的に寄席での出番を勝ち取るためであった。

漫才師にとって、一生の拠点となるのは劇場であり寄席。そこで披露される漫才がどんなものなのか、それこそが漫才師としての本当の実力であり価値を決めるものだと思う。ただ、そこに立つためには結果を残さなければならなかった。よく『賞レースでの漫才と寄席での漫才は違う』と言われるが、たしかにネタ時間やテーマ選びなんかは違うが、そういうことじゃない。漫才が人を笑わせるためのものであり、漫才師とはそれによって観客から対価としてお金をもらうものであるならば、つまりは寄席がその場所にあたる。だから、寄席でシンプルにその日の観客を笑わせることがすなわち漫才であるから、正確には『漫才というものの中に賞レースでの漫才が内在している』といったところだ。

自分はこれまで、ずっと賞レースに挑み続けてきた。本気で勝ちを狙うには、大袈裟《おおげさ》ではなく一年かけてやる必要があった。ネタを作って、磨いて、捨てて、また作って、磨いて、捨てて。それを繰り返して、一番良いものを勝負に持っていく。そんなことを約15年続けてきた。というより、これまでの自分にはそれ以外の選択肢なんてなかった。だけど、芸歴を重ねていきながら、もっと広義的な意味での漫才にしっかりと取り組んでいきたい思いが強くなっていた。加えて、劇場における責任を背負わせてもらえる立場に、少しずつだがなってきていることも実感していた。そこでようやく、賞レースに区切りをつける決断をしたのであった。

「さぁ、これから漫才師として成熟していくための本当のスタートラインに立った。よし、ここからここから。これからは〝○○のため〟ではなく、もっと純粋に〝笑わせるため〟だけに漫才がやれる」

そんなことを思っていた矢先に、コロナが流行して、劇場が休館になった。これは前代未聞の状況だった。会社が劇場を長期的に閉めることなんて今までなかった。一時的に再開はしても、人数制限のためお客さんがほとんどいない客席に向かって、アクリル板を挟んで漫才をした。日常が失われ、劇場に寂しい光景が続いていた。そこへ、密着番組のオファーが来たわけだ。自分にとって大切な場所のことを知ってもらいたい。そして、もっと広く興味を持ってもらいたい。そうすれば、いつか日常を取り戻した頃に劇場へ来てもらえるんじゃないか。そんな思いが込み上げてきた。そう考えると、絶好のタイミングでオファーが来たように思えた。

そこで、自問自答をしてみた。密着番組に対する自分の気がすすまない理由と、改めて向き合ってみたのだ。なぜ、裏側を包み隠さず見せることで、芸人はやりづらくなるのだろうか。笑わせるということにおいて、その人間がどれだけ努力をして、苦悩をして、準備をしてきたかを見せることは、お客さんにどんな影響を与えてしまうのだろうか。

まず裏側を見せるということは、手の内を明かすということ。こんな雰囲気でネタを作って、こんな風に稽古をして、舞台に立っているんだな、を知られるということだ。それに伴って「この人ほんとはこういう真剣な顔も持つ人なんだ」というのをお客さんに知られることにもなる。

では、お客さんはそういった姿を見て、初めて芸人にそんな一面があることを知るのか？　答えは、〝いいえ〟だと思う。漫才においてネタ作りと稽古がしっかりあることくらい、観客だってすでに知っている。あらかじめセンターマイクが置かれていて、そこへお約束通りに登場してネタを繰り広げている時点で、事前に準備をしていますと明かしているようなもの。だからこそネタとアドリブの境界線がわからなくなるほどの領域にいけた時や、その台詞回しがほんとにリアルに語りかけているように聞こえた時に、素晴らしいものになるわけだ。

では、裏側を知ることでお客さんは冷めて笑えなくなってしまうのか？　これも答えは、〝いいえ〟だと思う。その証拠に、M-1グランプリという大会があそこまで人気なのは、あの大きなステージに懸ける芸人たちの姿勢、つまりは裏側があると知っているからこそ人を魅了しているわけだ。実際に、大会の後日にはその裏側がテレビで放送もされている。もはや、お笑いを越えて誰かの人生が変わる瞬間に立ち会えるというドキュメンタリーとしての人気が大きいのではないかと思うほどだ。ただし、今からまさにネタをするという直前の煽《あお》りなどで裏側を見せることは、そこもネタの一部として入れ込んできているような行為になるのでやめた方がいいとは思う。結論、お客さんは裏側を知っても笑えるということ。

そうなると、〝裏側を見せるべきではない〟ことの理由は、限りなくこちら側の都合によるものではないかと思えてくる。芸風にもよるが、ハイテンションでふざけるようなキャラクターの芸人からすれば、それでも見せたくない気持ちはあるだろう。でも、マスコットキャラクター同様に、中身の人間がいることくらい想像が及ぶこと。そして、〝芸人は裏側を見せるべきではない〟という発言も、本来は〝裏側〟で生まれたはずだ。それが今では観客の中にも聞いたことがある人がいるくらい〝表側〟に顔を出している。もはや、裏と表が曖昧になっている。そんな中、〝芸人は裏側を見せるべきではない〟という考えだけが固定観念のようになっており、深く掘り下げもせずにそう信じていた自分に気がついた。裏も表もひっくるめて、すべてを知った上で足を運んでくれたお客さんを笑わせる。それができれば、芸人としてもう一つ成長できるのではないか。

『情熱大陸』の密着は、約3ヶ月にわたった。カメラが回り出したのは、自分を漫才師として成長させてくれたM-1グランプリの放送日。漫才師がどのように寄席と向き合い、劇場でどんな風に過ごしているのか。いろんな顔を晒《さら》すべく、新ネタを作成して披露することもした。そして、テレビでその様子が流される。ディレクターの判断により、新ネタを披露する場面が最後に使われた。そこでの漫才は、これまで密着の中で語ってきた本人たちの発言などをもとにしたテーマのネタにした。そうすることで、漫才師とはあくまで自分が体験したことや、自分の中にある性質や思考を、こうやって笑いにしていくんだという姿も見せたかったからだ。この放送を通して、漫才師がどんな生き物であるか、その生態のようなものを知ってもらうことで、劇場に興味を持ってもらえればいい。そうして人を呼び込むことができれば、漫才という文化の発展に貢献したと言えるのではないか。それまでの個人的な〝広報活動〟から、一段階飛躍した〝漫才自体の広報活動〟をする機会を幸運にもいただけたように思えた。そんな思いと共に、密着は終了していった。

昔からずっと言われてきた〝芸人は裏側を見せるべきではない〟という言葉。たしかに、自分から積極的に見せにいく必要はない。ただ、見せないように過剰に忌避する必要もない。カメラが回っていようが、自然体で、大きく構えて、生々しく、泥臭くあれるか。そんなことが試される状況も、芸人をきっと強くする。裏側を晒すことも、時には芸人としての成長や魅力にも繋がってくる。それに気づかせてくれたこの密着には、今でも感謝をしている。

矛盾の中で見えてくる本性

数年間、テレビと舞台の両立を重ねていく過程で、自分の中にこれまでなかった新たな角度からの思いが沸々と湧いてくるようになった。

昔、自分がまだ漫才師として賞レースやオーディションでまったく箸《はし》にも棒にもかからない状態の時、よく言われたことがあった。それは、〝どんな漫才師なのか〟ということをネタを通して伝える必要がある、ということだった。これは、面白いとか笑いが取れるとかいったこととは、また別の次元の話。当時の自分は、それなりに達者で、それなりに笑いを取る漫才師でしかなかった。そして、そんな漫才師は周りに無数にいた。だから頭一つ抜きん出るためには、やはり漫才師としての個性を全面に出すことが絶対条件であると、自分でも理解していた。

ここでいう個性の〝個〟とは、あくまで漫才師という単位としての〝個〟である。もちろん両者の個性が色濃く出ることが理想的ではあるが、どちらか一方がもう一人を極端に際立たせることでも、漫才師としての〝個〟を獲得することはできる。そこは各々の漫才師が、自分たちを見つめ直して、工夫を凝らして越えなければならない大きな壁だと言える。ここを打開する糸口を摑むようになるまで、約7年かかった。そこからは結果も出だして、ようやく他と並べても埋もれてしまわないような漫才師としての〝個性〟を持つことができた。徐々に仕事の幅も広がり、テレビからのお声がかかるようになった。新たにテレビに参入する者として与えられるのは、まずは雛壇《ひなだん》やパネラーと呼ばれる場所。初めの頃は、憧れの場所に立つことができただけで何だか楽しかった。また、そこで今自分は世間に少しでも印象を残すための〝広報活動〟をしているんだという実感も、嚙《か》み締めていられた。さらに段階が進み、いくつかの冠番組をやらせてもらう機会にも恵まれた。自分にとっては順風満帆。だけど、ずっとどこか意識しないようにしていることもあった。

雛壇やパネラーには、同じ時期に同じような結果を残した芸人たちが並べられて、番組という一つのネタを皆で作っていく。ここで行われる笑いとしては主に団体芸であり、皆がある程度ポジションを守りながら調和を重んじて笑いを作る。漫才が漫才師としての〝個〟を全面に出して笑いを作るのと同じように、番組もまた番組という〝個〟を全面に出すことを重んじて笑いを作る必要がある。だから、番組の中で漫才師としての個性を発揮して笑いを生み出せる場面があったとしても、それはあくまで番組上の〝一つの味〟となって馴染んでいくこととなる。

心から真っ直ぐにその場所が好きで、その場所にいること自体に価値を見出せていたら、何も問題はなかったと思う。ただ、自分は違った。漫才のためのテレビという軸を持ってしまっており、テレビでの活躍を舞台へ持ち込むという循環を見越した上でその場所にいる。そんな自分がそこで場数を踏んで、その役割を上手に果たせるようになり、どんどんその場所に馴染んでいくこと。それはつまり、大勢の中に属していくことであって、漫才師としての〝個〟を薄めていくことになってしまうのではないだろうかという気がしてならなかった。演劇において村人A村人Bがあるように、お笑いにも雛壇A雛壇Bは存在している。漫才師AだとかBだったところから、ようやく抜け出し、そのまま進むべき道を見つけたはずだった。だけど、今の自分がやっていることは雛壇やパネラーのAとかBにわざわざ自分を落とし込むことをしてしまっているんじゃないか。そう思うようになってからは、嫌に頭が冷静になってしまった。

それでも雛壇やパネラーといった役割をこなしていく中で、司会業や冠番組などを経験させてもらうこともあった。冠番組の中には、稀に企画構成に至るまでそのメインとなる芸人によって手掛けられた番組もあるが、大半はそうではない。やはり役割というものは存在しており、企画やＶＴＲといったネタを仕掛けるのは制作側となる。そういったテレビ側のネタを、誰に受け手となってもらうのかを決めることで、新番組が次々と生まれていく。そして、真ん中に立つ人はその時々で勢いがあったり信頼のおけるタレントであり、いわばその名前や評価を借りる形で番組が作られる。

そういったテレビの世界を眺めていると、番組とはタレント側が名前を貸すことで成り立っているフランチャイズのお店のようにも思えてくる。ただ一つ違うのは、母体となる名前を貸した側ではなく、フランチャイズ店舗であるテレビ側がすべてを握っているということ。言うなれば、変則的な逆フランチャイズのようなものだ。自分がもしテレビの世界でのし上がってやろうといった野望を一番に抱いていたのなら、その性質ごと飲み込んで進んでいく必要はあるだろう。だけど、フランチャイズとは加盟すること。団体の一部になることだ。だから、その性質を飲み込んでその場所に立つこともまた、大勢の中に馴染んでいく行為であることに変わりはないように思えてしまった。そんなことを考えるようになった頃には、もう憧れた場所に立つことができているという魔法もすっかり解けてしまっていた。

馴染むことにこれほどまで抵抗感を覚えてしまうところに、自分が憧れる漫才師のあるべき姿が透けて見える気がする。僕の中では、漫才など舞台で芸をやっている人間が一番凄いという揺るがない気持ちがある。だから、何かに迎合したりどこかに服属したりすることは、そういった芸人の姿からは程遠いところにあるもの。漫才師とは、本来なら自己完結できる存在。実力次第では、自由であり唯一であることができる。僕はきっとそんな芸人になりたかったんだと思う。だからこそ漫才師を選んだんだと思う。逆に考えると、自分はきっと〝自由であり唯一でありたい〟という願望を根底に持った人間だったということだろう。自分でもまだ気づけていなかった本性のようなものが見えてきた時に、つくづく自分はなんて厄介な奴なんだと思えた。だけど、そんな人間だからこそできる〝芸〟もあると信じているし、それは今も変わらずに思っていること。

テレビにも腰を据えることで、自分が持つ理想の漫才師像が少しずつはっきりとした形で浮かび上がってきた。それと同時に、テレビにうまく馴染んでいくことは、僕の中にある漫才師としてあるべき姿とはあまりに相反する性質であることにも気づかされていくことになった。こんなにも矛盾した循環を、果たしてこの先ずっと続けていけるのだろうか。これまで自分が大切にしてきた軸を、完遂することは本当にできるのだろうか。計画表がぐらつき始めた。

第三章　芸との向き合い方

一人稽古の大切さ

舞台において、大切にすべきものがあると考えている。僕はよく出番の前後に一人でぶつぶつ言いながらネタの稽古《けいこ》をしていた。それは、台詞《せりふ》や言い回しの確認であったり、その精度を高めるためであった。みなさんもテレビの賞レースなどで、このあとはこの芸人が登場しますといったようなアナウンスとともに、舞台セットの裏で稽古している芸人の様子が差し込まれる映像を見たことがあるのではないだろうか。あんな感じのことを、日頃の寄席においてもやっていたわけだ。漫才師にとっては基本的なことではあるが、常日頃から続けてやっている芸人は意外に少ない。自分はやらなくてもできるんだと言われればそれまでだが、絶対にやるに越したことはない。もちろん芸風やネタの種類にもよるとは思う。それでも、野球選手が素振りを怠らないのと同じように、フォームの確認をしておくことは大切なこと。一流になるほど、そういった基礎的なところを抜かずにやっているものだ。

僕にとって舞台における本物のプロの仕事とは〝一本のネタを100回とも同じようにやれるが、客前で100回とも違うことをやる〟ことだと思っている。ほとんどの漫才には基礎となるリズムがある。一本のネタを構成する〝喋《しゃべ》り〟や〝間〟に、まずリズムがあるからだ。ネタが作られた時点で、本人たちの感性によって「これが一番良い」とされる言い回しや間の取り方が、あらかじめ決められている。いわば、舞台に上がる前の〝基礎となる答え〟はあるわけだ。それらを舞台に持って上がる。しかし、客席にはその時々で違った多数の感性が目の前に並んでいる。その空気を感じ取りながら、そこで初めて台詞や言い方などにアレンジを加えていく。自分の経験によって育てた〝舞台感覚〟をもとに、最適解を見つけていくわけだ。それらがうまく噛《か》み合うことで、より大きな笑いになる。

稀《まれ》に、〝一人で稽古するなんて意味がない〟という意見を持つ芸人もいる。その理由は、漫才は相手（お客さんや相方）がありきの喋りなのだからやっても仕方がない、ということだったりする。たしかに、台詞をすらすらと機械的に言うためだけの反復練習は何の意味もない。だけど、舞台上でどんなイレギュラーが起こっても、たとえ相手がどんな風な反応を見せたとしても、すべてに対応できるように準備をしておくためには、絶対に基礎となる喋りを固めておかなければならない。そうすることで自信が生まれて、その日その場限りの生のパフォーマンスを見せることができると思っている。〝漫才は相手がありきだから稽古しても意味がない〟というのは、〝バッターボックスに入る前にはどこにどんな球が投げられるかわからないから素振りしても意味がない〟と言ってるように僕には思える。一流の選手がどこにどんな球を投げられても対応できるのは、あらかじめ自分のフォームを確立できているからに他ならない。

そして、一人で稽古をする上で大切になることは、目の前にお客さんを想像すること。それは、ただ目の前に人がいるという状態を想像することではなく、今まで経験してきた〝いろんなパターンのお客さんの雰囲気〟を目の前に想像するということだ。ネタを作っている時に、そのボケが笑いになるかどうかをなんとなくお客さんの反応を想像しながら考えることは、芸人ならあることだ。芸人でなくとも、誰しも家族や友人や上司などを頭に浮かべて、あの人にこんなことを言ったらきっとこんなリアクションが返ってくるだろうなぁと、前もって会話を準備するようなことはあると思う。そして、一回だけの会話のやり取りを想像するのは比較的まだ簡単なことだと思うが、その想像の相手と何回か続けて会話をするとなると、難易度は上がってくる。一人でネタの稽古をする時というのはこれと同じで、一つの笑い所だけでなく、そこからもっと想像を膨らませて、ネタ一本通してお客さんの反応がどうなるかを維持するように努めること。いわば、自分の頭の中に〝仮想の舞台〟を作ってしまうわけだ。その仮想の舞台に立って、ぶつぶつと一人で稽古を繰り返す。これを徹底的にやって、本物の舞台に立つ。そうすることで、まだ人前ではさほど披露していないネタであったとしても、飛躍的に自信を持って挑むことができるようになる。ロールプレイングゲームでいうところのレベル上げに近いかもしれない。たとえ弱い敵であっても、倒せば倒すだけ経験値を得ることができる。そうして挑んだ次のステージでは、きっと少しは闘えるようになっている。もしも準備不足でまったく歯が立たないまま負けてしまうと、何が敗因だったのかが見えてこない。それがわからなければ、成長には繫《つな》がらない。結果が思わしくなくとも、修正すべきところを明確にするため、その負けに意味を持たせるためには、やはり少しでも闘えてなければいけない。だからこそ質の高い一人稽古をすることが必要となる。そして、それをするのに相応《ふさわ》しい場所が、僕は〝舞台袖《そで》〟だと思っている。

舞台袖にいると、今まさにネタをやっている芸人に対するお客さんの反応が漏れ聞こえてくる。そこで、今日はこういう芸風のこういう笑いにこんな反応を示すお客さんなんだなと、客席をリアルに感じることができる。この環境であれば、まだ自分が舞台上に出ていなくとも、このお客さんに向けてネタをやった場合どうなるかを想像しながら、稽古をすることができる。つまりは、自分の中に〝半仮想半現実の舞台〟を創り出すことができる唯一の場所なわけだ。だからこそ僕は、舞台袖で一人ぶつぶつと稽古をすることが多かった。そこでレベル上げをすることが、次のステージでも闘える自分を作ってくれると思っていたからだ。

ただ一点、〝芸人は裏側を見せるべきではない〟といったものと同じように、この世界には〝人に見えるところであまり稽古をしない方がいい〟という風潮があったりもする。これは実際に、僕も人から言われたことがある言葉だ。その真意を紐解《ひもと》くと、『ふらっと出番に現れて笑いをとって帰っていく方が、芸人として格好いい。芸歴を積んでいけばいくほど、そういった背中を見せるべきだ』という一つの美学のようなものが入っているように思う。たしかに、それが一番格好いい。わざわざ一人の稽古なんて、他人に見せる必要はない。だけど、僕は舞台袖という絶好の環境を逃したくなかった。ここに自分が成長できるものが詰まっていると考えていた。だから、後輩やスタッフが見ていようが必死になってぶつぶつと稽古をしていた。たしかにダサいと思う。だけど、それをやらずに大した笑いを取らないまま舞台を降りてくる芸人は、もっとダサい。そもそも、稽古を見せないという美学も、あくまで仲間内の目線を気にして語られているものだ。たとえ後輩やスタッフには見られていても、お客さんには見えていない。だから舞台袖で何をしていようが、舞台上でのパフォーマンスが凄《すご》ければそれでいい。舞台上で凄い奴が、一番凄いのだ。

芸人の中には、すぐ稽古したがる芸人のことを同じように舞台にも立つ芸人がバラエティなどでイジったりする場合もある。そんな時いつも思うのは、稽古をイジるのであればまず舞台で誰よりも笑いを取っていろよということ。できないのであれば、そこを笑いにする資格はない。それに、お客さんのことを考えたら稽古をしてない人間こそイジられる対象でなければならないはずだ。自分にとっては、これが正義であった。何を正義とするかは人それぞれだが、少なくとも自分は緻密《ちみつ》で繊細な作りのネタをやっていた。そういうタイプには、絶対にこの作業が必要であると断言できる。

どれだけ芸歴を重ねたって、熱量を持って稽古をやっている芸人がいたら、僕には格好いいと思える。何がなんでも笑いを取りにいくことが最優先、そんな姿勢は尊敬できる。スポーツや武道などと同じように、お笑いにもいろんな流派のようなものがあって、様々な意見がある。だけど、どうかこの本を手に取った漫才師には、今ある既存の意見に流されず、面倒くさくとも地味なことを信じてやってほしい。そしてこれもまた既存の意見の一つと捉《とら》えて、自分なりの美学を見つけて持ってほしい。

渇いている状態であれ

吉本という会社は、全国各地に劇場を持っている。東京・大阪・千葉・埼玉・京都・福岡・静岡など、あらゆる所に点在している。お笑い芸人が所属する事務所はたくさんあるが、これほど劇場を持っている会社は他にない。僕が漫才師としてやっていくという決断ができたのも、吉本に所属していたからこそである。

そんな数ある劇場の中で、最も歴史があって格式高いとされているのが、なんばグランド花月。寄席をするために設計された劇場で、マイク前からの眺めは壮観だ。ここで日々、芸人たちは腕を磨く。この劇場には一躍世間から注目を集めたデビュー間もない若手芸人や、芸歴50年をこえるベテランの落語家まで、幅広いという言葉では形容しきれない出演者が揃っている。僕も前説に始まり、この劇場には長年お世話になってきた。いろんな芸人と出番を共にしてきたが、やはり化物のような芸人というのは存在する。

桂文珍《かつらぶんちん》。この方は、先に述べた芸歴50年をこえるベテランの落語家さんだが、舞台を自由に伸び伸びと完全に操る。ひとたび舞台へ出ていくと、あっという間に空気を自分のものにする。あまりにいとも簡単にやってのけるから、お客さんも知らぬ間に引き込まれ、気づいた時には笑わされてしまっている。その様はまるで合気道の達人のようで、ゆったりと脱力を孕《はら》みながら、それでも着実に舞台を制圧していく。〝柔よく剛を制す〟というが、まさに磨き抜かれた〝柔〟の芸だと思う。僕が漫才を辞める少し前は、この劇場ではトリの一つ前で出番をもらうことが多かった。だから自分の出番が終わると、トリの文珍師匠の落語を袖からひっそりと観るようにしていた。

舞台袖というのは、出番を終えた芸人たちが後の出番の芸人のネタを観に集まったりすることがある。これは、劇場に身を置いていればよく目にする光景だ。多少の芸歴を重ねていくと、自分がこの世界に入るまでに憧《あこが》れていた先輩や、尊敬に値する師匠なんかと出番で一緒になることがある。そんな時、舞台袖に集まって芸を見学するわけだ。

そんな光景を見ていく中で、たまに自分の心に引っかかるものがあった。それは、袖でキャッキャッと無邪気に笑う芸人の姿だ。時には、お客さんよりも楽しんで観ているんじゃないかという芸人もいたりする。僕だって、面白ければ笑うことはある。だけどそこには同時に〝悔しい〟が伴う。まず大前提、自分の憧れや尊敬を持つことは大いに良いことだと思う。それが芸の一つの指針にもなるだろうし、自分に何が足りないかを教えてくれる。だけど、そこに崇拝のような感情を持ってしまうことは違う。崇拝や憧れは、盲信的な笑いを生む。笑いにおいては常に俯瞰《ふかん》することが大切であり、それがお客さんの目線に立つということだと思う。期待値の違いや、実力差などは事実としてあることかもしれない。だけど、お客さんからすれば、その日の香盤表に同じように名前が記された出演者でしかない。芸歴や出番順などは関係ない。これは言い換えれば、劇場において〝笑いは平等である〟ということであり、そこを芸人も理解しなければいけない。だが、舞台袖であまりに無邪気に笑う芸人を見ると、自分と舞台上の芸人とを〝別枠〟と見なしてしまっているように僕には感じられた。

芸人にとっての原動力は、笑いを欲する気持ちだと思う。もっと笑いを取りたい、もっとネタを良くしたい。そんな風に、常に笑いに飢えているような、渇いているような状態であることが大切だと思う。そのためにはやはり〝悔しい〟という感情が必要になる。だから僕は、いつも出番が終わると舞台袖から文珍師匠のネタを観るようにしていた。そこへ行けば、必ず〝悔しい〟を拾うことができたから。いつも直前の自分たちの笑いの量と、笑いの取り方の質などを比較した。負けを感じられることほど、糧になるものはない。経験上、舞台袖へ行って芸を見ることは自分を育ててくれる一つの材料になる。そこで面白いなと思わされたら、悔しがればいい。そこで勝っているなと思えたら、自信にすればいい。憧れや尊敬に値するものほど、冷徹なまでの俯瞰を。

言葉に表れる

漫才において喋る言葉は、その人が生まれ育った土地の方言による喋りとなる場合が多い。昔は、漫才発祥の地が関西であったとされていることから、漫才といえば関西弁というイメージが強かった。そのため関西よりもさらに西の地域出身者の中には、あえて喋りを関西弁に寄せる者も多くいた。それが近年では徐々にその凝り固まったイメージが解《ほぐ》れてきたのと、関西でなくとも漫才を志す者が増えて、漫才が多様化していったことで、方言のまま喋る漫才師がたくさんいるのが現状となった。

それでも、いまだに漫才においては関西弁が一番向いているという意見も散見される。僕は大阪でも河内と呼ばれる地域の出身で、ざっくりと説明すると大阪を縦半分にした東側の地域にあたる。このエリアで話されるのは〝河内弁〟といって、とくにどぎつい関西弁。例えば、いわゆる関西弁で「何言うてんねん！」のところが、河内弁では「何さらしとんねん！」であったり、関西弁でいうところの「しばいたろか、お前！」が、河内弁では「いてこましたろか、ワレ！」になったりする。もともと関西弁自体が荒っぽく乱暴に聞こえる方言であるが、さらに一段階ギアを上げたようなものが河内弁なのだ。特有の巻き舌によって激しく且つ滑らかに捲《まく》し立てる喋りであるから、知らない人からすれば、喧《けん》嘩《か》でもしているのかと勘違いしてもおかしくない。それくらい迫力がある。漫才において迫力が出せれば、パフォーマンスを大きく見せることができる。そうすると、お客さんをより会話に引き込むことにも繋がる。

今の時代は生粋の河内弁で喋る人間は少なく、僕の世代では自分も含め随分とマイルドにはなっていると感じる。ただ上方漫才が生まれて間もない頃は、もともと関西弁であってもわざわざ河内弁に寄せて喋る漫才師もいたらしい。漫才のために関西以西の人間が関西弁を模倣するのと同じく、元来関西弁であってもより迫力を求めて河内弁を模倣する者もいたということだ。そういったこともあって、やはり漫才では関西弁が一番だという意見が生まれているのかもしれない。

ではなぜ、関西弁には他の方言にはない迫力があるのか。関西人からすると、東京の人間と接した時にどこか冷たい印象を受けるという話は度々聞くことがある。これには理由があると考えていて、関西の人は生まれ持った距離感が近いんじゃないかと思う。物理的な距離ではなく、人と人との心の距離感だ。

例えば、街中でロケをしていたら平気で「何の番組？　あんたら見たことあるな」などと話しかけてくる。「もっと頑張りや、はいこれあげる」と飴《あめ》ちゃんを渡してくるおばちゃんは本当に存在する。これはその人の世話焼きな性分が、話し方や態度に表れているわけだ。心の距離が近いと、必然的にその言葉や喋りも熱を帯びる。家族や近しい人間の方が他人よりも本音で話す分、意見を言い合うと白熱してしまうのと同じである。そして、関西では個人という単位だけにとどまらず、その人の知り合いやそのまた知り合いも同じような匂いの人だったりする。これはいわば街全体がそういった一つの空気に包まれており、幼少期からその場所で過ごすことで、それが体に染み付いているからだと思う。そんな土壌で洗練されてきた関西弁であるからこそ、言葉や喋りに熱や迫力が宿っているのではないだろうか。

一方、東京の街中でロケをしていると、ほとんどの人が話しかけてこない。気にはなっていても横目でチラッと見る程度や、一定の距離を保って見守る人が多い。たとえ話しかけるにしても、カメラが止まっている時などに少し言葉を掛けてくるくらいのもんだ。これはきっと東京という土地の特徴でもあるが、都心部なんかはいろんな地方から人が集まってきており、その地域に根差して長年生活をしている人は少なく、コミュニティというものが出来上がっていない。だから他人との出会い頭でいきなり深く踏み込むような会話をすることがないし、そうやって一定の距離感を保ってあげることが他者への優しさであると認識しているのではないだろうか。そういった地域で話されている言葉や喋りは、やはり迫力には欠ける。ただ、また違った形で配慮が宿っていたりはすると思う。そして、東京でも下町にあたるような地域へ行くと、まったく雰囲気が変わったりする。実際に東京のそういった場所へ仕事で行った時、大阪のように話しかけてくる人がいたり、一度だけ飴ちゃんをくれるおばちゃんに遭遇したこともある。

これを通してわかることは、その土地に漂う雰囲気が地域性となり、その中で育つ人間の体に染み付いていく。それが言葉や喋りに表れて、方言が形成されるということだ。これはなにも関西や東京だけの話ではなく、日本全国どんな地域にも当てはまることだと思う。もっというと世界に共通して言えることで、その国の文化や風習の中で育《はぐく》まれていった人間性が、他者とのコミュニケーションで用いられる言葉や喋りに表れるんだと思う。だから、言葉や喋りは取り繕えるものではない。誰しも失言することや間違いはある。だけど言葉は不思議なもので、乱暴な言葉を遣っていても優しさが伝わる人もいる。逆に、上品な言葉を並べていても心がないと感じられる人もいる。それはまさに〝言葉に表れている〟からだと思う。今の時代は短絡的にすぐニュースや記事で言葉だけが情報として取り上げられる。誰かがこんなことを言った！　とか、それに対して誰かがこんなことを言った！　とか、その言葉だけの情報にいちいち反応して振り回される人が多くいる。でも、大切なのはその言葉の奥に潜んでいる心にもっと目を向けること。深く深くまで理解しようとした上で、次の言葉にしなければならない。

芸人とはその字の通り、〝芸〟と〝人柄〟だと言われることがある。〝芸〟を磨くことも大事だが〝人柄〟を育むことも大事。これらは二つの別々のものというより、〝芸〟という喋りには自分の〝人〟が表れるし、また〝人〟を育むことが〝芸〟の幅を広げたり向上させることに繋がっていく。二つは相互の関係にあり、つまりは〝芸〟を見ればその〝人〟がわかるということ。そう考えると、観客がいつも心の奥で期待しているのは〝どんな人間がどんなことを喋るのか〟なんじゃないかと思う。だから、芸人とは一つの生き様を見せるべき存在であれということだと、僕は思っている。

模倣して芸を盗むには

芸人の世界において〝芸は盗むもの〟と言われている。ここで言う『盗む』とは、パクるではなく学ぶとか覚えるという意味合いだ。これは師匠がいない養成所出身者にとって、まさにその通りだと言える。誰かが手ほどきをして教えてくれるわけではないから、周囲を見ながら自分の感性がいいと判断したものを研究する。当然、答えはすぐに見つからないことの方が多い。そんな時、どんな方法が有効になるか。それは〝模倣〟することだと思う。スポーツでも何でもそうだが、まず模倣から入るのは大切なこと。基礎がなってない上に、理解も深まっていない間は、とにかく形から入ればいい。ただ一点、模倣するにしても気をつけなければならないことはある。

僕がまだ吉本の養成所にいた頃、あるネタ見せの授業でこんなことがあった。授業といっても、作家や演出家といわれる人たちの前でネタを披露するという実践的なもの。ホワイトボードに名前を書いてエントリーし、順番にネタを披露していくわけだが、その順番待ちをしている間は講師と同じように他の生徒もネタを見ることになる。僕が在学していた当時は生徒数がピークの時期で、８００人を越えていた。関西圏のみならず、いろんな地方から我こそはと笑いを志す者が集まってきており、中には関東からわざわざ大阪の笑いに触れたくて、東京ではなく大阪の養成所を選んでやってくる者もいた。芸人の卵であることに違いないが、言ってしまえばただの素人集団だ。自分も含めて、ネタは大半が未熟で面白くはない。だけど、僕には今でも印象に残っていることがある。それは、標準語で漫才をする生徒のネタを見た時のことだった。その時のネタの内容がどんなだったか全く覚えていないが、あるボケに対してツッコミ側の子が「うるせえなぁ」とボソッと吐き捨てるように言った。その瞬間、僕はなんとも新鮮な冷たさを感じた。ネタの中での台詞だが、この人はほんとに相手のことをうざったく思ってるんだなというのが伝わってきたからだ。関西で育ってきた自分にとって、初めて生で見る標準語のツッコミだったというのもあるかもしれない。だけど、随分と昔のことだが「今のなんかいい！」と感じたことを未《いま》だに覚えている。お調子者がふざけすぎて目に余る、これはもう我慢ならない！となる寸前に、あんな風に冷たく距離を置くような一言が入れば、観客はさぞかし痛快だろうなと思った。もし関西弁であれば、「うるさいねん！」とか「ええから黙れや！」といった様な、声を張りながらのオーソドックスな拾い方に収まるようなところだったと思う。それが、標準語だとこんなに様変わりするのかと感心したのだ。関西弁にはたしかに迫力がある。武器でいうと特大のハンマーで殴り倒すような、そんな圧力がある。だけど、標準語には標準語にしかない独自の良さがあって、それはまるで日本刀のように鋭利な刃物でスパッと斬るような力があるように思えた。

自分は関西出身ではあるが、関西弁が持つ特性をフルに活《い》かそうと思ったら、やはり声質なども関係してくると考えている。どちらかと言えば、太くてしゃがれたような声質の方が関西弁を活かせると思うし、瞬発的な声量もなければならない。だけど、自分は声質でいうと細い。声量もさほどない。無理に張って大声を出したところで、言葉に心がこもらない。これは性格に起因するところもあって、普段からとりわけ一言目で声を荒らげて、大仰に何かを指摘することがないからだ。そんな人間が漫才用に切り替えて発声してみたところで、地がそうである人間に勝てるわけがない。

どうすればもっと自然な個性の中から武器を生み出すことができるのか。考えたあげく、ある工夫をした。人一倍、いかに的確なタイミングで心地いい声量と分量で無理をせずに言葉を発するか。もともと声質でいうと通りやすくはあり、周囲から特徴があると言われる方ではあった。だからこそ勢いに任せて言葉を発するのではなく、あくまで丁寧に言葉を通しにいくことを意識した。力で耳に捻《ね》じ込んでいくのではなく、隙を見計らって耳の中にそっと置きにいくようなイメージ。こうすることで、言葉の性質を活かすのではなく、自分の性質を活かすことができた。

そして後になって思ったことだが、この工夫をやり始めてからの自分は、あの時養成所で見たボソッと吐き捨てるような標準語のツッコミの雰囲気に近いものがあった。決して意図してそうなったわけではなく、工夫した先で手に取ったものがそれだった。偶然なのかもしれない。だけど、自分の感性がいいと判断したものが、知らず知らずのうちに自分の中に蓄積されていたのかもしれない。人間は死に直面すると走馬灯を見ると言う。あれは、その状況からなんとか助かろうと脳が必死で過去の記憶を遡《さかのぼ》って探しているからだそうだ。もしかしたら僕も悩んだ末に、過去に見たものの中から見つけ出したのかもしれない。いずれにせよ、それが結果的に自分の弱点を補ってくれた。

人は誰しも、親や先生や友人など自分に関わるすべての人から少なからず影響を受けて生きている。こんな時あの人ならどうするかなとか、あの人ならどんなことを言うのかなと、考えることはあると思う。そうやって一つ一つできる事が増えて、成長していく。これはきっと〝模倣〟なんだと思う。だから笑いにおいても同じことで、誰かのパフォーマンスを見て惹《ひ》かれるものがあったなら、大いにそれを模倣してみればいい。きっとそれは、自分の本質が求めたことだから。その時に、言葉自体を模倣するのではなく、その言葉が持っている雰囲気や感情などの〝性質〟を模倣するようにすればいい。もし自分に似合わないものであったなら、それは本質と違ったということ。そんなものは放っておいても、時間が経てば自然と離れていってくれる。だから、言葉自体の模倣ではなく、言葉が持つ性質だけを抜き取って、自分の本質に落とし込めばいい。それがきっと、芸と人柄を育ててくれる。そしてこれが〝芸を盗む〟ということじゃないかと解釈している。

テクニックの飽和

キャリアを積んでいけば、どうやれば笑いが起きやすいかという方法論が見えてくるようになる。すなわち、テクニックが身につくということだ。もちろん笑いにおけるあらゆる面でのテクニックは必要なものであり、欠かせない一つではある。ただ、〝一つ〟くらいに思っておいた方がいい。

同じような主旨の発言であっても、少しのテクニックを加えることで随分と印象が変わって笑いやすくなることがある。お笑いにおいて流行《はや》りのフレーズのようなものは定期的に生まれてくるが、そういったものを思い起こしてみて欲しい。だいたいが言葉をありのままに表現するのではなく、あえて短く端的に言ってみたり、あえて馴染《なじ》みのない略語にしてみたりと、少しの加工がなされていることが多い。言葉に添加物を少し入れるようなものだ。そうすることで、フレーズが耳に残ってより面白く思えるようになる。これがいわゆるテクニックの部分になってくる。キャリアを積むほどにこういった加工が上手になるため、同じような発言であってもより強いものを生み出せることがある。
逆に言うと、テクニックで何とかできてしまう場面も増えるということ。面白いものをより良くするためにテクニックを使うのであればいいが、テクニックだけに頼って面白くするのでは小手先の笑いになってしまう。これでは本末転倒だ。本来なら芸人は的確に言葉で表現して笑いをとるべきであり、それがプロたる所以《ゆえん》だと思う。ただ時にはテクニックによって加工したあえての曖昧《あいまい》な表現がさらなるプロの仕事となることもあるが、テクニックに溺《おぼ》れた表現をしてしまうことはまるで添加物だけで提供しているようなものだ。笑いにおける添加物は、足りないものを補う役割として上手《うま》く使っていけばいい。そのためには本来の味付けがしっかりなされた上で使うことを忘れてはならない。だから、笑いにおいてテクニックとは必要な〝一つ〟という感覚を持っておいた方がいい。

他にも、近年のお笑いがテクニックに特化してきていると感じることがある。それは、漫才しかり〝ネタ〟というもの自体がテクニック先行になってきているということ。ネタの作り方なんてそれぞれで違ったりするし、ネタといっても様々あるから、そこに口を出すのは少々野暮ではあるが、ここは〝傾向がある〟ということを踏まえた上での持論だと思って聞いてもらいたい。

最近のデビューして間もない若手芸人のネタを見ていると、感心することがある。なぜなら、まずネタに大切な設定や着眼点が鋭く秀逸なものが多い。そして、話の展開も飽きさせないように上手く転がしていったり、観客を思わぬ角度で裏切った発想で笑わせている。どうすれば笑いになるかの仕組みやシステムを熟知していると言っていい。そういった観点からすると、今の時代は質が高いネタに溢《あふ》れている。むしろ、飽和状態になっているように思える。教科書が多いからかもしれない。僕が芸人になってすぐの頃は、限られたネタ番組などをテレビ番組表をチェックしながらビデオに録画をした。テープの残量不足などで撮れていなかったりした時は、ひどく落ち込んだものだ。それが今ではYouTubeやネットを開けば、いくらでも過去の映像を遡って観ることができる。お手本となる素材が増えたことで、必然的にそういったものから学ぶ機会も増えて、優秀な芸人がたくさん現れるようになったのかもしれない。

もう一つは、賞レースが大きな影響力を持つようになったことも関係しているように思う。近年は、漫才・コント・ピン芸・女性だけによる大会など、あらゆるジャンルに細分化されたコンテストが開催されている。そこで結果を出さなければ、テレビも劇場も必要としてはくれない。だからまず、全員がそこでの結果を求めてお笑いに取り組むことになる。そこで審査員から点数やコメントというフィードバックをもらって、勝つためには何が必要かを考え、改善の余地を探す。そんなことを繰り返していくと、お笑いが一つの〝学課〟のようになっていく。自分もそうであったが、やはりそこで勝つためには『勝つための方法』に目を向けていくこととなる。

こういったお笑いにおける教科書とフィードバックが増えた分、ネタの質を高められる機会が増えた。だけど、それらの教科書や経験から方法論は吸収することができても、肝心の〝人〟の部分までは身につけることはできない。その結果、仕組みやシステムだけが頭でっかちに発達していって、人間力のようなものがそのアンバランスに飲み込まれていく。もっと掘り下げるべきそれぞれの面白い個性というものがあるはずなのに、仕組みやシステムが先行してしまい、優秀ではあるが優秀なだけ。そんなネタを目にすると、〝笑いがＡＩ化してしまっている〟ように感じられてくる。実際にチャットＧＰＴを使うと、小説など本来なら人間によって生み出されるはずの創作物も、簡単に作れてしまうそうだ。

これからもっと精度が上がれば、笑いも過去のデータから割り出して、それなりに質が高いものが作れるようになるかもしれない。もしそんな未来がやってきた時にＡＩが生み出すネタは、今の時代に溢れているようなネタになるのではないだろうか。

そんなことを考えるようになってから、笑いとは何なのだろうか？　と、思考が根本的なところへ立ち返るようになった。芸歴でいうと20年近くずっと笑いをやってきたはずなのに、自分の笑いに対する理解はあまりに偏ってしまっている気がした。そこから、今まで触れてこなかった笑いも観るようになった。

例えば、落語。漫才よりも昔から存在している演芸であり、その中には人情噺《ばなし》というものがある。これは観客をただ笑わせるだけでなく、物語の中心に人間とはどういうものなのか、またどうあるべきかという教訓が込められていたりする。あくまで前提として伝えたい『テーマ』があって、笑いはその根底に流れる人情の物語に乗って、ふっと時折り訪れたりする。そこで初めて笑いのテクニックを用いているのだ。

他には、海外のコメディ。世界には人種差別や男女差別、戦争や政治の矛盾など、様々な問題がある。日本ではお笑いのテーマとしてあまり扱われないものなので、少し特殊に感じるかもしれない。だけど、人情や世情と同じようにこれらの問題は世界共通で存在しているもの。そういったものに対して、自分が生まれてきた背景を踏まえて自分が訴えたい主張を根底に持ち、それをネタにする。そこで笑いのテクニックを用いているわけだ。

これらの笑いには人間としての匂いが感じられるし、また人間力がなければできないネタだと言える。今の自分にも当て嵌《は》まることだが、芸人としてさらにもう一つ向こう側へ行くためには、これらの要素が欠かせないものとなる。新たな笑いを知れば知るほどに、現状のままでは少なくとも自分がいいと思える芸人にはなれないことを痛感させられる。

それでも、笑いとはそう在らなければならないという形なんてないし、様々なものがあって然《しか》るべきだと思う。だから、それぞれの信念のもとに好きな笑いをやっていけばいいし、観客も自分に合った好きなものを選べばいい。ただ一つ思うことは、演者側も観客側もどちら側もが感性に水をやって育てていった先で、笑いを求めるようになれば、笑いがもっと世の中においてなくてはならない存在になるのではないだろうか。

笑いの包容力

笑いの素晴らしいところは、何でも笑いに変えられることだと思う。例えば、容姿・生い立ちの不幸・社会における立場など、笑いに変えていくことで芸人にとってはむしろ武器となり得る。時には誰かへの中傷と取れるような発言であっても、そこに関係性や愛があったり、または自分なりの主張を通すための覚悟があれば、それもまた笑いにできる。近年はしきりにコンプライアンスが叫ばれる世の中になったことで、笑いへの規制が厳しくなった。とはいえこれはテレビなど不特定多数の人の目に晒《さら》される土俵において、とくに取り締まられていると言っていい。実際に漫才のネタ番組に出演するにあたっても、その内容に不適切な題材や表現はないか事前にチェックされることがいつの頃からか増えたが、劇場や寄席ではそんなことはしない。だから、本来は笑いにしてはいけないものなんてないと僕は思っている。

今の世の中においては、人が人の言動にたいして過剰に反応しすぎている。自分には一切関係のないことにも積極的に首を突っ込み、それはダメだと言いたがる。もちろん中には本当にアウトなものもある。それでも、笑いにするかどうかは当事者や当事者同士の周りまでの問題であって、もしそこに不快な感情が生まれたのなら、口を出すべきはその輪の中にいた人間であればいいと思う。それ以外は、野次馬と言っていい。騒動の渦中はその場にやって来るが、火が消えると去っていく。家が燃えていることには関心があるが、家が燃えた本人のその後の生活にはあまり関心がない。そして、笑いとはどの目線で話すのかというものであったりするから、誰かに寄り添った笑いをやれば、その反対側の人間にとっては笑えないものになったりする性質はどうしたって付き纏《まと》う。誰も傷つけないように配慮した笑いが好まれる昨今だが、これを突き詰めていくと最後は芸人側による個人的な自虐しかできなくなる。これなら観客は安心して笑っていられるかもしれないが、その芸人が自分を傷つけ続けているという事実は、案外みんな見落としていたりする。結局は、みんな自分勝手なセーフとアウトの線引きがあって、そこに引っかかるかどうかで笑っているだけじゃないかとも思える。そういった意味で、やはり何でも笑いに変えられると思っているし、笑いの包容力は凄《すさ》まじいもので、笑いは何でも受け止めてくれると思っている。

だがここで、勘違いしてはいけないと思うこともある。それは〝何でも笑いに変えられる〟ことと、初めから〝何でも笑いで済ませられるだろう〟という腹積もりで不用意な真似をするのは違ってくるということ。

学生時代に、僕はいきなり蹴《け》るというノリを面白いと思って友達にやってしまった。その友達のことが嫌いだとか気に食わないなんてことはまったくない。ただ単純にそれが〝面白い〟と大きな勘違いをしてしまっていたわけだ。今思えば当然だが、その友達はすごく怒った。すぐに謝ったが、彼からすると許せなかっただろう。こっちは冗談のつもりでも、向こうからすれば不快なだけ。完全に僕が悪い。そしてこの時、彼が不快な気持ちを全面に表したことで、僕は間違いに気づくことができた。だけど、もし彼が一人で抱え込んで深刻になってしまっていたならば、僕は果たして「悪いことをしたな」と後で気づくことができただろうか。そして、これが僕は大人になった今でもその怒った彼の表情が記憶にあるくらいには失敗したなと思っているわけだが、もし「冗談やん」という一言で済ませていたとしたらどうだっただろうか。

いじめられっ子は一生覚えているが、いじめっ子はすぐに忘れる。これは、いじめっ子側にある「冗談やん」という気持ちがそうさせるのだと思う。もしそれが冗談だったとしたら、滑っていたということ。そして、その失敗をしたことに対して「いやいや、今のはこういう笑いですよ」と言い訳をしていることになる。いわば、自分の行動に責任を取らずに、冗談を盾にして〝笑い〟に責任をなすりつけた行為と言える。これは笑いの悪用であり、自分の都合のいいように利用しているだけ。そんなものは〝笑い〟に真摯《しんし》ではない。

海外の笑いを観ていると、下品な言葉や差別的な表現がよく用いられている。そういった笑いの中でも、本当に質の良いものはきちんと自分なりの背景や正義を持っている。そして、それらに基づいて意見や主張をするためには、面白くなくてはならない。だから、意地でもそれを笑いにできるネタを考える。そうやって、自信を持って面白いと思えるネタができた時に、彼らは思いを強く訴えるためにあえて過激な表現を用いているわけだ。実際にあることだが、それが批判を買うことになる場合もある。だけど、決して「冗談やん」なんて安っぽい弁解をすることはしない。なぜなら、それだけ〝笑い〟に対して真摯な姿勢で取り組んでいるからだ。それは言ってしまえば、信念を持って笑いをとろうとした結果、批判をしてきた人たちには滑ったというだけのこと。芸人だってキャリアを積んでも笑いをとろうとして失敗することなんてある。滑ったからといちいち弁解していたら芸人なんて続けられない。だから、本気で〝笑い〟をとるためであるなら何を材料にしたっていいし、どんな言葉だって使えばいいと思う。ただし、自分が失敗した時や批判に臆《おく》してしまった時に、その責任を〝笑い〟に背負わせてはいけない。それは〝笑い〟ではなく、笑いに対する冒瀆《ぼうとく》にあたると思う。

自虐が求められる理由

関西の賞レースで優勝を経験した頃から、自分の中に一つの抵抗感が生まれてくるようになった。それは〝自虐的な笑い〟に対して、である。

この世界に入ってなかなか芽が出ない時期が長かったために、よく前説の仕事をもらっていた。番組収録が始まる前、劇場の公演が始まる前など、本番前のまだ客席に見る態勢が整っていないところへ出ていく。そんな状況で笑いを取ることはなかなか厳しい。では、どんなものが笑いになりやすかったのかと言えば、〝自虐的な笑い〟だった。

「僕たちのこと知ってる方、手をあげてください。あれ、みなさん聞こえてないんですかね？　じゃあ逆に、僕たちのこと知らないという方は手をあげてもらって……あ、すぐ下ろしてください！」

みたいなことだ。これは一例にすぎないが、他にもあの手この手の自虐的な笑いは存在する。これ自体はとくに悪いというものではないし、センスのいい自虐もある。ただ、前説時代に自虐的な笑いの必要性を教えられ、またそういった環境に自分が長く身を置いていたこともあって〝若手の間はやらなければならないもの〟という認識にある程度なってしまっていた。

そんな時期が続いたある日、ようやく漫才のコンテストで優勝をすることができた。それは自分にとって誇らしいものであった。そこからも日々の舞台に立ち続けるわけだが、その結果一つで観客からの見方が変わることはなかった。自分の中にあるやっと一つ進んだという気持ちと、変わらない目の前の景色。そんな中で「僕らのこと知ってくれてる方は？　知らない方は？」と聞くような自虐的な笑いをやることはどうにも情けなく、ただ実際のところやはり知らない人だらけだという現状にも、情けなくなった。

そんな悶々《もんもん》とした思いを抱えていた時に、大先輩である夫婦漫才師、宮川大助《みやがわだいすけ》・花子《はなこ》の花子師匠がこんな言葉をかけてくれた。

「自分たちの漫才に誇りを持って、胸張ってやりなさい」

当時の僕には、ズドンとくる言葉だった。とくに悩みを相談をしたわけでもなく、普段からよく会話をするような関係性でもないのに、心の内を見透かされていたかのようなタイミングと言葉であった。思いっきり背中を押してもらえたような気がした。それ以来、笑いになりやすくとも自分を安く売るような自虐はやめた。

自虐とは違うが、自分を下げて笑いをとらなければならない状況というのは芸人をやっていればある。例えば、ロケで店先の人や道ゆく人たちと触れ合った時などに、スタッフが横から「好きな芸人さんは誰ですか?」と聞いたりすることがある。この場合、きっとこの芸人の名前は挙がらないだろうという目論見《もくろみ》のもと聞いていたりする。その予想通りに、もしその方が違う芸人の名前を口にしたのであれば、状況によっては自分を下げて笑いにしなければならなくなる。こういった知名度的なことや好感度的なことを逆手にとって、笑いを添えたがる傾向がテレビにはある。笑いになりやすいからだ。これは、自虐ならぬ〝他虐的な笑い〟だと思う。自虐が自分の判断によって自分を下げながら笑いを生む技術だとすれば、他虐は自分のことを他者が下げてくることで笑いを生もうとする技術だと言える。

ただこの他虐を好むスタッフに出会った時にいつも思うのは、番組に出ているタレントを下げるという行為は〝間接的に番組の価値を下げることにもなっている〟ということ。他虐によって『あまり人気がない、あまり知られていないようなタレントを起用している番組である』という事実を自ら浮き彫りにすることは、『そんなタレントしか呼べない番組である』と自白しているようなもの。これは、確実に番組の価値を下げている。

ただ、こうも考えられる。〝番組が番組を下げた〟ということは、これは一つの〝自虐〟という図式になる。つまり目線を変えると、これは〝番組自体による自虐的な笑い〟とも言える気がする。そう考えると、結局のところ〝芸人という個人〟なのか、〝番組という個体〟なのかという違いはあれど、やっていることはすなわち〝自虐的な笑い〟ということになるのではないだろうか。


そもそも自虐にせよ他虐にせよ、なぜ人は誰かを〝下げた〟ような種類のものを好んで笑うのだろう。そんな疑問を抱えている時に、知り合いのテレビマンからこんな話を聞いた。

今、世間で視聴率を取る番組は、誰かが下になる役回りが含まれたものだそうだ。わかりやすい例としては、不器用なために世間との基準がどこかでずれてしまい、世の中にうまくフィットすることができなかった人間が、泥臭く生きる様を映すようなドキュメンタリー番組。そういった映像の主人公となるのは、仕事をクビになったり、職場や世間から浮いていたり、引きこもり生活を続けていたりと、生きづらさを抱えた人たちだ。こういったドキュメンタリー番組が求められている背景には、世間が〝自分より下がいる〟という景色を見ることで安心したいという欲求があるからだと言う。勉強を頑張って大学に入り、立派に就職をしたはずが、働けど給料は安く、休みや自由な時間も取れず、それでもやっていかなきゃならない。そんな切迫した逃げ場のない生活を送る人たちは、たしかに今の世の中にたくさんいると思う。心が疲弊し、幸せを実感できない毎日において、自分よりも苦しんでいる人がいること、自分よりも〝下がいる〟という事実を目にすることは、皮肉なことに一時の救いになるんじゃないだろうか。

一見そうは見えない番組にもそういった要素は含まれている。例えばクイズ番組なんかもそう。よくできた問題に対してスタジオでこうじゃないか、いやああじゃないか等と言いながら、みんなで楽しくクイズ対決をする。だけど、そこには不正解になる人、つまりは負ける人が絶対に存在する。それが賢い大学出身者であれば、尚《なお》のこと盛り上がる。理由は、上だとされていたものが〝下になる〟瞬間が見られるからだ。

視聴率がいい番組には、今の時代が生んだ不景気であったり家族の在り方や個人の生き方などのどこかに、満たされない部分を抱えた人たちの〝不幸せ〟のもとに成り立っているものが多くある。テレビだけではなく、週刊誌やネット記事やいわゆる〝バズっている〟と言われるコンテンツなんかにも当てはまることだと思う。

どんなテレビや笑いや情報が求められているのか、そこに大まかな世間の人間性が映し出される。その時代に隆盛を迎えた文化が、その時代に生きる人間の健康状態を伝えてくれている。そして笑いもまた、人を映す鏡なんだと思う。

無意識的な信仰

笑いにおいて自虐的なものが受け入れられやすい世の中であること、世間が自分より〝下である〟ものを好むようになったことが、芸人の在り方にも影響を及ぼしているように感じる。それは、過剰なまでに〝謙虚であろうとする姿勢〟である。

最近、テレビの世界において芸人やタレントがよく「僕みたいなもんが」とか「私なんかのことを」と口にしているのを見かける。謙虚と言えば謙虚だが、どこか気軽なものを感じる。こういった仕事をしていれば、必然的に大勢の目に晒されることになるから、多少は周囲の目を気にして過剰に謙虚であろうとする気持ちになることはわかる。ただ本来なら、謙虚であろうとする姿勢は、個人の精神性の問題であったはず。人として驕《おご》らず、いつまでも精進する心構えを持つ。そんな芯《しん》からの謙虚が、謙虚であったはずである。それがいつしか、世間が品行方正や可愛げなどを他人に求めすぎるが故に、そういった態度であると示すためだけに言葉を取り繕った〝カジュアルな謙虚〟が増えているんじゃないかと思えてしまう。

タレントというのは与えられた役割をいかに全うするか、という存在であると思う。制作スタッフや視聴者などの要求にどう応じるのか、また他者という世間にいかにして愛されていくのか、そういったところが試される職業であると言える。従って、大衆の好感度を意識することも〝仕事の内〟であるとも考えられる。

だけど、こと芸人においては違う。自分が面白いと思うことをどんな風に形にして笑いにするのか、これがまず問われる職業である。その上で、広く愛されるようなことがあれば素晴らしい芸人であると言えるが、謙虚かどうかのハードルを第一に設けてしまうような姿勢は〝芸〟を育ててくれない。あくまで舞台に立つ時には、自分のやっていることに自信を持ってなければならない。そうあるためには、日々笑いに向き合う必要がある。だから精進して、自信を付ける。言うなれば、芸人における本当の意味での謙虚な姿勢とは、常に自信を持った姿であろうとすることではないだろうか。

謙虚なことを美徳とする価値観は、日本人が生んだ素晴らしいものだと思う。謙虚であるから成長できるし、謙虚であるから間違わずにいられる。これは、個人が自分を高めようとした時に大きな推進力となってくれる。その反面、日本には謙虚であるべきだという考えが深く根付いているあまりに、他人に対しても「あの人は謙虚なのかどうなのか」と少なからず気にしてしまう部分があるようにも思える。だからこそ、謙虚であった方が世渡りも上手くいくし、他者から好感も持ってもらえる。そういったところから、日本という国においては〝下である〟ことの方が、都合の良いことが多いような気がする。

こういった世間の風潮以外にも、芸人の姿勢に大きな影響を及ぼしたものはあると考えている。それは、ある芸人さんが作った一つの〝美学〟。これが関係しているのではないかと思う。

明石家《あかしや》さんまさん。何十年にもわたって、テレビの笑いの最前線に立ってきた偉大な芸人さんだ。さんまさんの話で有名なものがある。街中でいきなり見知らぬ通行人に思いっきりケツを蹴り上げられた時のこと。普通なら腹を立てて口論になってしまうような状況だが、あの人は「ナイスキック！」と返して笑いに変えたというものだ。芸人たちはみんなこぞってこの話を賞賛する。僕も初めて聞いた時、どんな時でも笑いを最優先するという徹底されたその姿勢に格好いいなと思わされた。

ではここで、もう少し掘り下げて考えていく。一体このエピソード、何が〝格好いい〟と思わせているのか。それはおそらく、自分が理不尽なことをされても怒らず、むしろ相手を称《たた》えることでその場を収めている。つまりは、あえて自分が〝負けることで勝ちを得ている〟というところに魅力があるわけだ。

今、お笑い界における芸人たちの身の振り方の中心にあるのは、こういった〝負けることで勝ちを得る〟という価値観じゃないかと思う。無様に負けることは本来ならば〝ダサい〟ことであるはずが、状況次第ではあえて負けてあげることが今度は〝格好いい〟に転じるわけだ。負けることで勝ちを得る、言い換えると〝ダサいことが格好いい〟。昨今のバラエティを支えている芸人のほとんどが、この信念に基づいたお笑いをやっているように思う。これに僕は、ある種の無意識的な信仰に近いようなものを感じずにはいられない。

そして、この笑いを流行らせて、日本のスタンダードに押し上げたのは、こういったエピソードに心打たれた先人にあたる芸人たちじゃないかと僕は思っている。さんまさんのような芸人が提示した一つの価値観が、流行って蔓延《まんえん》して、ずっと何十年にもわたって日本のお笑い界を覆っているように見える。そしてまた、この〝負けることで勝ちを得る〟という価値観も、自分を〝下にする〟ことで成り立っているのだ。こういった構造であることから、この一つの〝美学〟が日本に昔からある謙虚という〝美徳〟とうまく合致して、今の地位を築いていったのではないだろうか。

日本においてはそれがスタンダードなわけだが、国が変わればまた評価されるものの変わる。先の通行人に蹴られた話と、似たようではあるが対照的な話がある。アメリカの州知事選でのこと。アーノルド・シュワルツェネッガーさんが立候補をし、演説会で生卵をぶつけられた。その際に、声を荒らげず「ベーコンもよこせ」と返したそうだ。これは相手を〝上げる〟こともしていないし、自分を〝下げて〟もいない。失礼に対して冷静にユーモアで返し、そのユーモアの土俵の上でさえも「卵だけじゃ足りないだろ」と、相手に物申している。すなわち、これは一切〝負けていない〟のだ。国の文化が違うと言えばそれまでだが、こういった賞賛される逸話の内容が違うことは、とても興味深い。アメリカは、主張しなければ認めてもらえない国。日本は、主張しすぎると煙たがられる国。それぞれの国に漂う雰囲気の中で、ユーモアがうまく機能をしてきたように思える。アメリカでは決して負けずに自分の主張を通すためにユーモアが使われ、日本では場を丸く収めて調和を生むためにユーモアが使われている。

今後、自分がもっと笑いと向き合っていくのであれば、いろんなユーモアの中からいいと思える笑いを見つけて、幅広く身につけていく必要がある。何に惹かれて、どれを選ぶかは自由である。でも、無意識的な信仰にあてられ、他人の〝美学〟が自分の〝美学〟にすり替わり、何を選んでいるのかさえわからないほどに感性が麻痺《まひ》してしまうことは、芸人として一番あってはならない。

茶化すということ

〝ダサいことが格好いい〟という価値観以外にも、今のお笑いの世界において主流になっているものはあると思っている。それは〝茶化す笑い〟だ。

笑いとは〝緊張と緩和〟によって生み出されるとよく言われる。これは一つの真理であると思う。実際に、漫才やコントで葬式・刑事もの・病院などのシチュエーションが多く見られるのは、そこに緊張があらかじめ備わっており、笑いを生み出しやすいからだ。誰しもが緊迫した場面を目にすると、もしかしたらこの後こんなことになってしまうんじゃないか……と頭の中で予測を立てる。それをうまく裏切ることが緩和であり、笑いを生むことに繋がる。だから、〝裏切る〟ということはある程度〝茶化す〟ということでもある。ただ、まったく同じではない。あくまで裏切り方の一種類として〝茶化す〟が存在しているわけだが、最近はこの割合がとても多いように感じる。

茶化すことが適度にあれば、緊張に傾きすぎない空気を作ることができる。例えば○○バラエティと呼ばれるような番組において、芸人が任されている仕事は大抵そういうものだ。情報バラエティであれば、政治や事件などの時事ネタを取り扱う。そこで話が小難しくなりすぎる前に、司会が芸人に話を振って緩和する。スポーツバラエティであれば、アスリートの真剣な話を聞くのがメインとなるが、程よく笑いを添えて聞きやすくするために芸人がコメントで緩和をする。いずれも芸人に与えられている役割は緩和することであって、またこういった番組において〝茶化すこと〟は上手く機能していると言える。そして、今この手の形式の番組がとにかく多い。だから芸人はそこの能力を養おうとするし、いざその仕事が回ってきたら存分にそれを発揮することに努める。結果、テレビで繰り広げられる笑いが〝茶化すこと〟に偏っていく。そして、そのやり方が笑いにおける〝正解の手本〟のようになって、どんどん増殖し、芯から染まっていき、テレビの枠をこえて芸人の理念に影響を与えているようにも思う。

適度に茶化すことには今言ったようなメリットが存在している。ただ、デメリットも存在していると思っていて、茶化すことで〝話の深み〟や〝自分がそれについて思考する機会〟が奪われてしまうということだ。

バラエティで自分がよく違和感を覚えたのは、ぶっちゃけトークと題してわざわざトークをするのに、すごく内容が浅い部分で終わっていくことだった。一番の理由は〝ぶっちゃけたような雰囲気が撮れたらよし〟という考えが制作側にあることだとは思う。ただもう一つの理由としては、芸人がそのシーンを面白くするために〝茶化す〟ことを多用するから話が深くなっていきようがない、といったところも感じる。本当は、〝深くもあり面白くもある〟という場面を作ることが、ここでいう一番の正解だと僕は思うし、自分がその企画に乗っかることを許容したのであれば、それをやらなきゃ意味がないとも思う。だけど、話が深くなり始めたくらいのタイミングで早々に誰かから茶化しが入ってしまうと、そこでその話はもう緩和され、笑いが起こって完結してしまう。だから、それ以上に深くなることはなくなる。これはまぎれもなく〝茶化すこと〟が話の深さを奪っている状態だと思う。

漫才やコントのネタでも次から次へと笑いが起こるタイプのものは、実はストーリー性や話の展開などが存在していないことが多い。見終わった後に面白かったという印象は残るが、どんな内容だったのかが思い出せないのは、そもそもストーリーが存在していないからだ。設定があって配役があって、付随する共通認識の出来事があって、それらをうまく裏切り続ける。いわば、ストーリーや話の深さを犠牲にすることで、笑いまでのストロークを短く速くすることに成功していると言える。

そして、茶化す笑いをやること自体はそんなに難しいことではなかったりもする。もちろん茶化し方の〝質〟というのは存在するし、そこの能力に個人差はあると思っている。ただ、方法論という観点でいうと、案外誰にでもできてしまう。誰かが真剣な話をする、緊張が生まれる、緩和する。この一連の流れで笑いは起こっているから、まず誰かが真剣な話をしてくれたら、緊張は自分で用意しなくてもそこにある。そして、緊張が大きくなればなるほど、いつでも緩和に持っていける下地が出来上がっていくというわけだ。立ち止まっている人を転ばそうとしても難しいが、全力で走っている人ほど少し足をひっかけたら簡単に転ばすことができるのと同じ原理だと思う。いくつかの条件が整えば、案外これは簡単な作業となる。

例えば、アスリートが『勝負所でどうやって集中力を発揮するのか』というトークを真剣にした後に、今の話を聞いてどう思った？　というフリが来たとする。そこで「すいません、ちょっと今集中が切れてたんでもう一度聞かせてもらえますか？」と言ったりすれば、緩和に持っていくことができる。そして、この場合に必要なのは（なんとなく集中力について話している）という材料だけであって、あとの具体的な部分は重要ではない。でも、本当はここで一番大切なのは『どうすれば集中力が発揮できるのか』という具体的な話であって、ましてやアスリートの口からそういった話が聞けることはとても価値があることであるはず。そこに茶化しが入ることでたしかに笑いは生まれるけど、果たして自分がそれについてしっかり思考する機会が持てたのかと言えばそうではない。

また視聴者の目線で考えても、せっかくその話を聞くことで思考の始まりに立つことができたのに、そこに茶化しが入って笑うことで、完結したような気になってしまうことはあると思う。笑うということは、オチがつくこと。オチがつくということは、終わること。人は終わったと感じると、思考をしなくなる。自分はこれまでこういった仕事を引き受け、与えられた役割で立ち回り、それが常習化していく中で、だんだんと大切なことから遠ざかっているのではないかという意識が生まれてきた。そんなことを考えだすと、こういった場面における〝茶化す笑い〟に、果たしてどれくらい価値はあるのだろうかと思ってしまう。

〝茶化すこと〟について、ある子供の教育に携わる人が言っていた。先生の言うことを茶化そうとする子供よりも、素直に興味を持って聞く子供の方が、人間としても成長が感じられるし勉強もできるようになる。当たり前と言えばそうだが、これは大人にも当て嵌まることではないかと思う。目の前のことに真っ直ぐに向き合おうとするから、豊富に吸収していくだろうし、たくさん思考を巡らせることもする。そうやって、人間が形成されていく。だけど、その人はこうも言っている。伸びるのは茶化すことをしない子供だけど、クラスでいつも人気者になるのは茶化すのが上手な子供だそうだ。先生の揚げ足を取ってみたり、何かしらの抜け道を探そうとしたり、そういった子供はたしかに周囲に笑いをもたらすことで支持を得る。

これを聞いた時、僕はなぜか今の自分や芸人の在り方と重ね合わせてしまった。茶化す子供が人気者になるように、芸人が持て囃《はや》してもらえる職業である理由の一つは、率先して〝茶化すこと〟をしてくれるからではないか。それでも事の本質と向き合いながら〝茶化すこと〟ができていればいいわけだが、上澄みだけを掬《すく》うことを続けていくと、その先に待っているのは〝知性を失った人間の姿〟なのではないだろうか。考えても答えが出ないことではある。ただ考えてしまうということは、きっと自分のやっていることに自信を持って価値があると思えていなかったからなんだろう。

今、世間で影響力を持っているのはＳＮＳなどネットの世界で支持を得ている者。その多くは、茶化すことが巧妙な人間。それを称えて真似るかのように、誰かが少しの綻《ほころ》びを見せたらすぐ揚げ足を取ろうと有象無象が押し寄せる。時代全体がそっちに向かっているのか、それともただ可視化されただけなのか。

今の主流の一つは茶化す笑い。知性を失わないように、思考をすることをやめないように。

自分の檻に入れたがる

日本に主流があるように、世界にも主流はある。人様のネタをあまり具体的に語ってしまうことは失礼にあたるかもしれないが、僕が格好いいなと思った笑いを一つ紹介したい。

海外のレズビアンの芸人のネタで、こんなものがあった。この芸人は、自分がレズビアンであることをネタにして、それが観客の支持を得て、人気が出た。そんな彼女のライブには、そういったレズビアンネタ目当てで足を運ぶ観客もいるようで、一人の熱心な客がライブ終わりに話しかけてきたそうだ。

「今日のライブにはがっかりした。レズビアンネタが足りていないよ」

言いたいことはわかる。その観客はきっとレズビアンネタがもっと見たかったのだろう。ただ彼女だって、レズビアンである前に一人の人間である。例えば、男か女かレズビアンかゲイかなど性別や性的指向が一つの個性であるように、どこの国の生まれなのか、右利きか左利きか、ピーマンが好きか嫌いかなど、膨大な個性が集約されてその人が形成されている。彼女にとってレズビアンは代表的な個性の一つかもしれないが、一つに過ぎない。だからこそ他のあらゆるテーマにも彼女なりの感情や主張はあって、それをネタにしてライブで披露したわけだ。これが〝面白くなかった〟という意見なら、まだ芸人として受け止められるだろう。ただこの場合、あなたにはレズビアンネタしか求めていない、言い換えれば〝レズビアンという個性以外には興味がない〟と言われているようなものであり、しかもわざわざ本人にそれを伝えることまでしている。その出来事について、彼女はまたライブでネタにした。

「レズビアンが足りてない？　ずっと舞台の上にいたのに」

この一言には〝たしかに〟と道理があって納得させられる気持ち良さがあるし、ユーモアによって包容しながらも芸人としての姿勢を曲げない気概を僕は感じた。

他人がその人に抱く一方的なイメージを押し付けることは、いわば他者の人格に介入してコントロールしようとしている行為にあたると思う。それは当事者にとっては窮屈に感じられることだ。僕も漫才師をやっていた時に、テレビで印象付けられた漫才とはまた違ったネタをやってみたり、結果的にその人が抱くイメージと違ったような振る舞いをした時に、「もっと前みたいな○○の漫才をやった方がいい」「あなたにそんな○○な振る舞いは求めていない」と、手紙やＳＮＳで意見を伝えてくる人がいた。仮に、自分がそうありたいという風に公言していたのなら、その言葉には責任が生まれるし、周りにだって物申したい気持ちはあって当然だと言える。ただそうでもない限り、自分勝手に他者を型にはめようとする行為は、間違っているんだと思う。

これはきっと、子育てや教育にも当てはまることだと思っている。最大限の愛を持って向き合うことはしてあげられても、結局は子供には子供の意思がある。それを自分の思うようにコントロールなんてできないわけだ。僕だって、親からお笑い芸人になれだなんて一度も言われたことはない。だけど、芸人になった。きっと家族は驚いたと思う。なんなら僕はずっと小さい頃から、パイロットになると言っていた。でもそれは、祖父母に何パターンかの「将来ぼくは○○になる」を言っているうちに、パイロットと言った時が一番リアクションが良いことに気づいたからだ。今思うと、そこにサービス精神からホラを吹くという芸人になる片鱗《へんりん》は現れていたのかもしれない。そんな風に人が持つ本質というのはあって、そこに与えてもらったいろんな栄養の中から、それぞれが好きなものを摂取して育っていくものなんだと思う。だから、誰かを自分が用意した檻《おり》の中に閉じ込めて愛そうとすることは、きっと愛しているのではなく〝愛玩《あいがん》したいだけ〟なんだと思う。

愛するということは、思いやりを持って身を引いたりぶつかったりすること。だから時にはお互いを傷つけ合ってしまうことだってある。よくどちらも相手を思いやっているのに、顔を合わす度に喧嘩になってしまう親子がいるのはそういうことだろう。そういった面倒なところも含めて向き合おうとすることが、愛なんじゃないかと思う。だけど、愛玩することはもう少し一方的なもののように感じる。思ったように愛《め》でることで、自分の心の平穏を保ってくれる作用がそこにあるんじゃないだろうか。

例えば、あるミュージシャンのファンの方で、こんなことを言っている人もいた。その人は長年そのミュージシャンのことを応援してきたそうだが、そのミュージシャンが社会や政治について自分の考えを発信することに対しては良く思わなかったそうだ。もしかしたら、その考えが自分とは違ったのかもしれない。いずれにせよその人は、「私はあの曲もこの曲も好き。だから、そんな一面は見せずに活動して欲しい。それなら応援し続けられる」と言っていた。それを聞いた時、僕にはまったく理解ができなかった。そのミュージシャンだって一人の人間であって、あらゆることに対して感性や感情を持っている。だからこそ、過去にその人が好きになった恋愛や夢なんかをテーマにしたあの曲やこの曲を生み出すことができたわけだ。でもいざその対象がまた他の何かに変わった途端、そこには目を背けたがる。なんなら、自分の都合のいいように相手の人格を歪《ゆが》めてまで引き続き愛そうとしている。ここに、恐ろしいまでの〝愛玩欲〟を感じる。

人が人を愛玩する対象として見ることは、やはり何かがおかしい。あくまで人は人を愛すべきであって、愛玩しようとした時点できっとその人が大切にしたいのは〝自分〟なんだと思う。こういった業界にいるからこそ、世の中にはこの二つを履き違えて独りよがりになる人がいること、また独りよがりになっていることに無自覚な人がいることを知っている。

愛することも愛玩することも、どちらも人間の内に潜む感情であり、誰しもが持っているもの。そういった〝人の機微〟に敏感であり続け、ライブでネタにしてしまえる彼女のように、笑いで届けられたらと思う。

笑いにするか笑いものにするか

僕はお笑いや芸人のことは好きだが、お笑いや芸人の世界に漂う一種の空気はとても肌に合わないものがある。

先にも述べた通り、笑いとは何でも包容してくれる懐の深いもの。それでも金を盗むとか、暴力を振るうとか、犯罪行為はもちろん容認されるべきではない。そこさえ守っていれば、例えばケチだとか見栄《みえ》っ張りだとか調子乗りだとか人間ならではの小さな〝業〟のようなものによって、集団の中で槍玉《やりだま》に挙げられるような行為があったとしても、笑いに変えられるのだ。これを通して思うのが、要はそれが〝笑いになるかどうか〟ではなく、それを周囲が〝笑いにするかどうか〟だと言える。

ただ、時には表舞台という場所ではないところで、笑いにしようという意図もなく、誰かが〝笑いもの〟にされているのを目にすることがあった。その時の空気感は、どこか近しい者同士が仲間意識を重んじているような、別の表現をすると排他的な匂いが感じられるものであった。そういった場面を見る度に、「芸人の世界にもこういうことはあるんだな」と思った。

そもそも芸人なんて、自分を面白いと疑いもせず、思い上がりと言ってもいいような自薦でこの世界に入ってきた者ばかりだ。自分の面白さを証明したくて、社会の流れに碌《ろく》に合わせることをせず、社会に馴染むことを選ばなかった。そのくせ一丁前にチヤホヤされたい気持ちはあるし、楽してお金が稼げると甘く見ている節もある。いわば、芸人とは〝社会不適合〟な人間の集まりだと言える。これは、良い意味でも悪い意味でもだ。良い意味とは、だから面白くあれるし、だから笑いには一生懸命になれる、ということ。一点だけ補足をすると、〝芸人は常識がなければならない〟なんてことも言われる。その理由は、まず常識を知っておかなければ何が可笑《おか》しいことなのかがわからないから。では、優れた芸人とは〝常識的な人〟なのかと言うと、そうではない。なぜなら、常識を知った上で壊さなければならないからだ。笑いを作るには常識を知っておく必要があるが、それはあくまで壊す時のためと言ってもいい。すなわち、芸人は〝常識的な人〟ではなく〝常識を知っている人〟でしかない。そういった意味でも、やはり自分は〝社会不適合〟だという自覚を芸人なら持っておく必要があると思う。そしてそうやって考えていくと、改めて芸人たちを繋ぐものは〝笑い〟である、という当たり前のことが浮き彫りとなる。

では、なぜ〝笑い〟で繋がっているはずの芸人の世界で、誰かを〝笑いもの〟にするようなことが起こってしまうのか。

社会不適合な人間たちでも、集まることでそこにルールや決まりのようなもの、すなわち〝社会性〟が生まれる。そうなると集団の一員としての行動が求められるようになり、そこから逸脱した者は糾弾されることとなる。これはつまり、〝社会不適合者たちなりの社会〟が生まれるからだ。

一つの社会が出来上がるということは、そこにいろんな価値観が集約されるということ。その中で、必然的に少数派・多数派などの構図も生まれる。それでもそれぞれが個人を尊重し合えたなら理想の社会となるのだろうが、そうはいかない。他人のことなんてとくに干渉せず、自分がやるべきことに勤《いそ》しんでいればいいものを、人には人を監視したがるような習性がある。やれ誰がこんなことを言っていたとか、やれ誰がこんな風なことになっているらしいとか。それらを仲間内で共有して、噂話に花を咲かせる。そんなことが行われるのは、笑いの世界において〝楽屋〟という場所だったりする。言ってしまえば、楽屋はゴシップの巣窟《そうくつ》のような一面がある。

テレビ局や劇場の楽屋には、よく小さなカゴに入ったお菓子が置かれている。業界では〝ケータリング〟と呼ばれているもので、そこにはチョコや飴玉などのお菓子が入っている。これを芸人は口寂しい時につまみ食いをする。とくに食べたいというわけでもなく、でもなんとなく暇を持て余しているから口に運ぶ。それと同じように、なにか手っ取り早く今という時間を満たしてくれるものはないかと、ゴシップをつまみ食いするんだろう。実際に僕もそんな光景は目にしてきた。

ある時、僕が親しくしている芸人が大変なことに巻き込まれたことがあった。すると、普段はあまり喋りかけてこない芸人が「なんかあいつ大丈夫なん？」と物欲しそうな顔で近づいて来た。きっと暇で口寂しく、僕なら何かしらの情報というお菓子を持っていると思ったんだろう。そんなものが垣間見《かいまみ》えたので、何となくはぐらかしてやり過ごした。またある時には、週刊誌に過去の痴話をリークされた芸人がいて、楽屋でその件についてケラケラと喋っている芸人の声が聞こえてきた。それくらいならよくあることだが、驚いたのは次にその芸人を見かけた時。週刊誌の対象となった芸人の肩をグッと摑《つか》みながら「大丈夫やって」と励ましていたのが、ケラケラと笑っていた芸人だった。社会の中には職種や環境を問わず、ある一定数のそういった人間は存在する。とんだ二枚舌だ。ただこれは何もそういった行為をやめようだなんて広く訴えるつもりはなくて、そうしたいならそうすればいい。そういった行為や存在も含めて、それが社会というものだから。だけど芸人として一点思うことは、芸人が嘘をつく時は舞台の上やテレビの中であれよということ。楽屋という日陰のような場所で、じめじめと湿度に満ちた会話をしながら、表舞台では触れようとしない。そんな空気感は〝笑い〟とはほど遠いところにあるものだと思う。もちろん芸人の社会にも、お互いに高め合える素晴らしい関係性や仲間意識というものも存在している。そういった大きな〝愛〟と呼べるようなものに、僕だって今も支えられ続けている。だから、自分が違うなと思った人間とは時間を共有しなくていい。そうするくらいなら、一人でコツコツと地道に何かを身につければいい。周りに無理に合わせなくたって、きっと自分に合う人とは自然と近くなっていくはずだから。

第四章

次に向かう場所は

ユーモアの起源と芸人の始祖

テレビの収録に行くと、当たり前だが自分がこれまでテレビで観てきた人や、今まさにテレビでよく見かける人たちと一緒になる。それはつまり、自分もその輪の中にいる人間であるということだ。今でも毎度、現場に着いてからそのことを新鮮な気持ちで再確認させられる。

キラキラと眩《まぶ》しいほどの電飾が施された豪華なセットがあって、周りを見渡せば芸能人と呼ばれる人たちがすぐ隣にいて、目の前には大きなテレビカメラが何台も並ぶ。楽屋と呼ばれるプライベートが守られた空間へ案内され、机に置かれた台本に目を通す。派手なファッションで身を固めた、いかにも業界人といった雰囲気のディレクターと打ち合わせをして、収録に臨む。観覧で来ている若い女性を中心とした観客は、カメラが回るとこれでもかという程に黄色い声を浴びせてくれる。いつも不思議な感覚になる。いつまでたっても慣れない自分がそこにいる。緊張とも快感とも違う、ただフワフワとだけさせられているような感覚。まるで普段の自分が自分ではないとさえ思わされてしまいそうな、異世界に連れてこられたような気分になる。自分はそこに居るのに、そこに居るのが自分ではない。そんな気にさせられるのが、テレビという世界なんだと思う。そこへ行くと、たしかに芸人であるという実感を与えてくれるものが山ほどある。そんなものに囲まれていると、あぁ今自分は芸人をやっているんだなぁという気持ちがふいに押し寄せて来たりもする。得体の知れない悦楽に似たようなものがあるのかもしれない。

そんな感情に浸りきっていられたら、どれだけ楽しい世界だろう。その場所に抵抗無く染まっていけたら、なんて都合が良かっただろう。自分にはそれができなかった。漫才師として足を運んでいたというのが一番だとは思う。でもそれ以外にも、天邪鬼《あまのじゃく》なのか何なのか。常に危機感を持ってなければならない性分なのか。僕はそんな環境の中に行くと、頭を過《よ》ぎる妄想がある。

もし、今このセットが跡形もなく消えて、芸能人という共演者もいなくなって、カメラも台本もディレクターも観覧客というのもなくなって、僕の小っぽけな知名度も吹き飛んで、目の前がただのだだっ広い野原になってしまったら。そして、どこからともなく僕と同じように突然すべてを失った人たちがぞろぞろとその野原に集まり出したとして。きっとみんなしばらくは困惑しているだろう。でも、そこから一日、二日、三日と日を追うごとに、どうやら現状を受け入れて、いったん生活を始めるしかないようだと動き出す人が増えていく。

　おそらく一人ではできないことが多いため、近くにいた人間同士でコミュニケーションをとって協力をすることもあるだろう。そんな時、みんな自分が持つ能力を使ってコミュニティに貢献しようとする。例えば、大工や建設業をやっていた人がいたら、みんなが休息できる簡易的な小屋を作ってくれたり。漁師をやっていた人がいたら、どうにか魚や貝などの海鮮を獲《と》ってきてくれたり。料理人をやっていた人がそれらをできる範囲の調理法で美味《おい》しく仕上げてくれたり。そうやって、「僕は○○です、だからこれやります」「私は○○です、だからこれやります」といった風に、自ら名乗り出ながら実際にそれを行動で示して証明できる人が、世の中にはたくさんいると思う。もちろん中にはエンジニアなどのように、時代と共に生まれた機器があることが大前提となっている職業もある。そういった新しい職業は例外となるかもしれないが、芸人は違う。歌手の人が歌声でそれを証明できるのと同じように、芸人だってそれを証明できなければならないはずの存在だ。

　でもいざ証明するとなっても、そこにはもうキラキラした豪華なセットや、共演者の芸能人や、台本・カメラ・ディレクターなど、自分を芸人たらしめてくれていた物のすべてではない。何もかも無くなって身一つになってしまった中で、果たして一体どれくらいの芸人が「僕は芸人です、だから笑わせます」と胸を張って言えるのだろう。そんなことを考えてしまうのだ。

やはり僕が舞台での芸を一番の評価に据えているのは、そういった理由からなんだろう。例えば、誰かの作業を手伝う中で起こった出来事や、その環境下での皆に当てはまるような逆境などからテーマを見つけて、その時自分が置かれた状況の中から笑いを生み出していく。そこで生まれるものはきっと普遍的なものであり、人間が日々生活をしていく中で必要となるユーモアなんじゃないかと思える。

ユーモアというものが一体いつから存在しているのかはわからない。だけど、遥《はる》か昔にマンモスなどを狩って生活をしていたような時代にも、きっとコミュニケーションはあったはず。あんな大きな動物を狩るだなんて、誰かが最初に言い出した時は、周りもきっと止めただろう。勝てるわけがない、怪我をするだけだ、だからやめておこう。だけど、食べ物がなければ飢えて死んでしまう。だからみんなで力を合わせて狩ることにしたわけだ。

一人で挑んだって絶対に勝ち目はない。だから、入念に作戦を練ったはず。落とし穴を掘って狩るのか、誰かが囮《おとり》になって誘《おび》き寄せて、近くの草むらから飛び出した数人が石や槍《やり》などで攻撃を仕掛けたのか。いずれにしても、見事な連携がなければ実現はできなかっただろう。そのためにはやはり十分なコミュニケーションを取り合うことが必要となる。会話があるということは、そこに笑いもあったんじゃないだろうか。諸説あるが、笑うということを追求して文化にまで発展させたのは、紛れもなく人間だけである。そういった笑いに対する欲求が備わった人間の祖先だからこそ、僕はその時代にもユーモアはあったと思っている。

狩りをしていて、ある一人の人間がぬかるみに足を取られてすっ転んだ。そこへ巨大なマンモスがやって来て、あわや踏み潰《つぶ》されてしまうのではないかといった瞬間、マンモスが踵《きびす》を返して助かった。なんてことがあったとしよう。きっとその日の晩は、コミュニティがその話題で持ちきりになる。何度も何度も、その時の話を聞かせてくれとせがまれて、本人も話しているうちに磨きがかかり、次第に大袈裟《おおげさ》にもなっていく。

「いや〜、あの時はもう死んだかと思ったよ。ひっくり返ったおれのすぐ側までマンモスが来やがってな。だけど一瞬こっちを見つめて、どういうわけか去っていったんだよ。ふと自分の下半身を見たら、腰布がめくれあがってアソコが丸出し。おれはピンと来たんだ。きっとあいつはおれのアソコを見て赤ちゃんマンモスと勘違いして攻撃をやめたんじゃないかって」。一同爆笑。

こんな風に人間の生活の中でユーモアがどんどん根付いていき、それが時間をかけて文化にまで発展して、芸人というものが誕生していったんじゃないだろうか。もしかしたら「お前いいな、この肉やるから食えよ」なんていう風に、取り分を多めにもらうことがあったかもしれない。だとすれば、この世界で初めて人が笑いによって得たギャラは〝マンモスの肉〟だったと言えるのではないか。ふざけた話のように聞こえるかもしれないが、自分にとっては浪漫ある妄想だ。

時代を遡《さかのぼ》っていけば、芸人とは日常や生活と密接に関わることの中から、何物にも頼らず笑いを生み出すことができる存在だったはず。そこで生まれる笑いこそ、自分にとって普遍的で一番価値ある笑いにあたるものなんだと思う。人類は、僕が妄想した世界とは随分と違った時代に到達している。そして、こんな時代に生きながらも、なるべく純度の高い姿でありたいと願う自分がいる。遥か昔の妄想の中の、あの人間の祖先のように。

自分の居場所へ

テレビに馴染《なじ》んでいくことと、漫才師としての理想像を追うことの狭間《はざま》で、しばらく晴れない思いを抱えていた。すでにテレビ収録に臨むことは、自分の仕事においても習慣化し始めていた。そんな時、僕の思いを少し前に動かすような出来事があった。

その日も、レギュラー番組ではなく単発のパネラーゲストとしての出演依頼を受けて、収録に向かった。現場には、司会として名のあるタレントさんがおり、同じくパネラーの位置には先輩芸人の方が数名いた。いつものように用意されたＶＴＲを観て、笑いを添えるためのコメントをする。時折、スタジオでの試食や体験のような展開が繰り広げられ、スタジオ全体が一丸となって空気を作り、一つの番組というネタが出来上がっていく。滞りなく進む収録。僕はいわゆる〝パネラーC〟といったところだろうか。いよいよ収録も最後を迎え、その中のパネラーAにあたる先輩の一人が、その日の大オチを担うことになった。ＶＴＲ内に登場した人物によって、今日何らかの理由で一番ダメだった人を選ぶというような流れだったと思う。そこで指名された人が、これまたＶＴＲで紹介されていた罰ゲームを受けるというようなものだった。見事、罰を受ければ盛り上がりそうな人選であるパネラーＡさんが指名されて、お約束通りに嫌がることをする。その罰を受ける直前、Ａさんがこちらを見ながら叫んだ。

「おい、お前ら見とけよ！　劇場でしっかりネタやってなかったら、こんなことになるからなぁ！」

スタジオは大きな笑いに包まれる。その直後、罰を受けてさらなる笑いが生まれる。収録は無事終了。ただその時、僕の意識は別のところへと飛んでいた。今この人が言ったことは、笑いを取るコメントでも何でもなく、僕には至極真っ当なことのように思えたのだ。たしかに、パネラーＡさんは劇場でネタをやることから離れてテレビの世界に馴染んだ人であった。だからこそテレビの中でテレビを盛り上げるために立ち回り、自分が劇場でネタをやってこなかったことを逆手に取って、笑いを起こしている。きっとこの人は劇場でネタをやってこなかったことを本気で悔いているわけではない。〝悔いている〟といったポーズを取ることで笑いになることを理解しながら、その旨の発言をした。そして、それが見事に笑いになった。それはつまり共演者やスタッフや視聴者も含めて、全体がそれを正しいことだと認めている環境であるということだ。

僕にとっては、舞台で芸をすることが自分のやるべきこと。劇場でしっかりネタをやらないことは、自分の中での不正解。だけど、この場所ではそれをやってこなかった人が笑いで肯定されて正解となる。そして、そんな環境に今自分がいる。

目の前で起こっている出来事、色鮮やかなセット、華のある共演者、すべてが暗く色を失っていく。そして、自分にだけスポットライトが当たる。そんな自分を俯瞰《ふかん》で見つめている自分がいる。ひどく孤独な時間。自分はここにいてはいけない人間なんだな。これでは周りに迷惑がかかるだけ。こんな奴がいるべき場所ではない。そんな自問自答のような時間と共に、収録は終わっていった。

いつものように、メイク室へ行って顔に塗られたファンデーションを雑に落とす。スタイリストさんが用意してくれた衣装を脱ぎ始めながら、楽屋へと戻る。私服に着替えて、足早に用意されたタクシーに乗り込む。手配されたタクシーチケットを渡し、運転手さんに行き先を告げる。どこへ向かうのかは決まっていた。自分の中で、何かが動き出した瞬間だった。

テレビで会えない芸人

自分が居るべき場所はやはり〝舞台〟であるという原点に立ち返った。これまでもそうであったが、もっと純粋に取り組んでいこう。メディアとの付き合い方に関しては、自分がそこに混じっても迷惑をかけない範囲のテレビやラジオ。また、自分が大切にしたいものを損なわずにいられる現場。そういったものを今まで以上に見直して、より舞台に力を入れて活動することを決めた。あくまでメディアを切り離すというよりも、メディアから少し身を引くことで良好でいられるような距離感を探すことを選んだのだ。

そして、改めて笑いについてもより深く知っていくために、今まで自分があまり触れてこなかった漫才以外の笑いも観るようになった。例えば、落語や講談もそうだし、チャップリンや海外のコメディも観るようになった。それから綾小路《あやのこうじ》きみまろさんの映像を見返したり、古舘伊知郎《ふるたちいちろう》さんのトーキングブルースという一人喋《しゃべ》りの公演に足を運んだりもした。そうやって芸人として新たに養分にできる何かを求めて、日々の舞台と向き合った。

そんな折、ある気になるワードを耳にした。

『テレビで会えない芸人』

鹿児島のテレビ局が製作した、一本のドキュメンタリー映画だった。そこに映るのは、松元《まつもと》ヒロさんという芸人。社会風刺などもすることからテレビには出なくなった芸人さんであり、一部の人たちからは〝左翼芸人〟だなんて言われて、なかなかにアンチと呼ばれる存在も多い方だ。しかし、定期的に開催するソロライブは常に即完で満席になり、全国各地でも呼ばれたらネタをやって、70歳をこえた今でもコンスタントに新ネタを作って舞台でおろしている。90分間にも及ぶ公演を、舞台上でたった一人でパフォーマンスをし、時には今日はあんまりだったなぁと、まるで駆け出しの芸人のように日々お笑いと向き合う。そんな姿に惹《ひ》かれた。そして、生の舞台を観に行かれたことがある方は知ってると思うが、政治的なネタだけではなく、人情に触れたネタの方が多かったりする。言うなれば、その人情の延長線上に政治や社会があって、そんなネタがあるという印象だ。

正直なところ、僕は松元ヒロさんの政治的な思想についてはいまだに詳細にはわかっていない。僕が彼を尊敬しているところは、純粋なまでの舞台への姿勢だった。実際に僕も映画館へ足を運んで観たのだが、スクリーンに映るヒロさんはとても格好いい芸人であり、人間として温かい血が通った方であった。面識はなかったが、彼から芸人として何か得られるものはないだろうかと、ライブや地方での営業を観に行ったりもした。

ある日のこと、僕は自分の単独ライブで仙台《せんだい》へ行った。その帰りの新幹線、発車のベルが鳴る中デッキへ飛び乗ると、目の前に松元ヒロさんがいた。僕は驚いた。テレビで会えない芸人にまさか新幹線のデッキで会えるなんて。そのままの勢いでご挨拶《あいさつ》させてもらい、「どうもどうも。ちょっと存じ上げなくてごめんね～」なんて言いながらご丁寧に名刺までくださった。それではと挨拶を済ませてお互い座席へ向かうと、偶然にも前後だった。僕が前で、ヒロさんが後ろ。いやいや、逆であってくれと思った。僕がもし背もたれを倒すとなると、ヒロさんの方へ倒すことになってしまうからだ。少し気が引けるなぁ……なんてことが頭を過ぎった瞬間に、「あ、倒してくれていいからね～」と、僕の行動を先読みしたかのような間で、後ろからお声がかかった。発車してしばらくすると「ちょっとちょっと」といった感じでまた後ろからお声がかかり、「よかったら飲まない？」と僕の分までビールを買ってくださった。車内は空《す》いていたこともあり、お言葉に甘えて隣に座らせてもらい、東京までの約1時間半、一緒にお酒を飲みながら話をさせてもらった。

仙台で単独ライブがあったことを伝えると、「僕も今日ライブがあってね。なんか歌のステージがあった後に僕のネタだったんだけど、お客さんがお笑いを観に来た！　っていう雰囲気じゃなかったのもあったかもしれないけど、あんまりだったんだよ〜」と、決まり悪そうな顔で笑った。「だからね〜、最初はちょっと苦労して。でもなんとかやって、まあ最後の方はだんだんと反応も来たけどなかなか……」と、会話の初っ端《しょぱな》からご自分の舞台を振り返っては、もっと上手《うま》くステージが出来なかっただろうかという風なことを口にした。僕は、好きだなと思った。頭の中に常に〝芸〟のことがあって、しかも初対面のまだ誰かもよくわかっていない芸人に、自分の舞台の出来を飾らずに語る。こんな事なかなかできることじゃない。

フリーで活動しているヒロさんだが、昔はよく立川談志《たてかわだんし》師匠に可愛がってもらったそうだ。談志師匠は、世間的には毒舌や曲者《くせもの》といったイメージが強いが、細かい気遣いをしてくれる方だし、さりげなく寄り添ってくれることもあったし、犬が信頼した相手にお腹を全部見せてくるかのように、ご自身の弱いところまでも見せてくれたこともあったそうだ。

思い出を振り返りながら「そんな風になかなかできないよね～」というようなことを言うヒロさんに、さっきのあなたがそうでしたよ、と僕は思った。他にもいろんな話を聞かせてもらい、楽しい時間はあっという間に過ぎた。

後日、またこれまで通り個人的にチケットを取ってこっそりヒロさんのライブを観に行った。相変わらずの90分間で、一人で新ネタをやり切っておられた。そこでされていたネタの一つを見て、僕は驚いた。先日、僕が新幹線で聞かせてもらった話だった。あの日ヒロさんは、隣に座った初対面で随分と年下の芸人に、自分のネタを試していたのだ。そう思うと、ほんとにこの人は頭の中が芸のことでいっぱいなんだなというのが理解できた。もしかしたら、初対面で緊張感がある状況を、わざわざネタを喋って笑いで和ませようとしてくれたのかもしれない。そっちならそっちで、また凄《すご》い。そのネタは、政治的なネタではなく、社会に物申すようなネタでもなく、人情と人間味に溢《あふ》れるネタだった。

世の中には左とか右とか、敵とか味方とか、単純な二つに分けたがる人が多い。きっと怯《おび》えてるんだと思う。自分とは反対側に立つ人間がいるのを知ることで、いつか自分の居場所が脅かされる時が来ると思っているんじゃないだろうか。それが不安だから人を一括《ひとくく》りにして、攻撃的になってしまうのではないだろうか。実際、新幹線で撮っていただいた二人の写真をネット上で見つけた人が、川西も左なのか！　とか、こいつも左翼だったのか！　といったコメントをしているのを見かけた。僕は、こんなに本物の芸人さんが『左翼』だなんていう狭くて稚拙な括られ方をしてしまうことが、芸人として悲しかった。ただ、ご本人はそうやって括られることすら、しっかり舞台でネタに昇華されている。仮に、僕はこの人が右と言われる立場であったとしても、舞台に対する姿勢が同じであればきっと凄いと感じるに違いない。ちなみに僕の漫才中の立ち位置は、客席から見て〝右〟でした。

夢

僕は芸人になろうと決めて養成所に通い出した時も、下積みと呼ばれる時期を過ごしていた時も、周りに芸人を目指していることを言わなかった。親や親友と呼べるような一部の人には伝えていたが、大半の友達やアルバイト先で知り合った人たちとは、フリーターですという顔で付き合ってきた。その理由は、芸人だなんていう漠然とした夢は、きっと周囲からすれば大きく浅はかな夢に映るだろうし、なんなら一時の気の迷いや勘違いだと捉《とら》えられ、軽率に否定される現実が想像できたからだ。

もし素直に打ち明けていたとしたら、友達であれバイト先であれ、大半はそんなことなく受け止めてくれていたのかもしれない。ただ、そういったコミュニティの中には絶対に少なからず否定的な人間がいることも想像できた。実際に、地元の繋《つな》がりの中でその話が広まった時に、わざわざ「おれの方が面白いけどな」と言ってくるような人もいた。そんな状況に出会《でくわ》した時、いつも「だったら、あんたもやってみればいいのに」という思いになった。自分がそうであると信じているなら、踏み出して証明すればいい。一歩も踏み出していない人間に、いちいち意見されることはなんとも癪《しゃく》であった。

なぜか人は、他人の夢に口を挟んだり、勝手な見積もりを出したがる。これが、家族や親友といった自分の人生に深く関わろうという責任を持った立場の人間が言うならわかるが、そうではない。ただこんなことは、世の常と言ってもいい。人はそれぞれ自分の尺度で生きている。その尺度を越えて生きようとしている者がいると、滑稽《こっけい》に見えたり、または逆に羨《うらや》ましくも見えたりするのだろう。その結果、その人の生き方を冷笑したり、妬《ねた》んで拒絶しようとするんだと思う。ネットが生まれてよりそんな現実が可視化されるようになった。夢を語ることが億劫《おっくう》な時代になっていっているように思える。

だけど、いつも不思議に思う。人は、人が夢を摑《つか》み取っていくストーリー性のある創作物には広く心を打たれるのだ。例えば、大人気漫画の『スラムダンク』。主人公は、バスケを始めて間もない不良上がりの青年。そんな彼が日々の努力で一つ一つステップアップして、バスケで活躍する様を描いた漫画だ。元不良ということもあって威勢がよく、自分を天才だと信じて疑わない。大きな舞台で活躍するなんて誰も思っていないが、彼はその予想を大きく飛び越えていく。それが清々《すがすが》しいわけだ。熱狂的な人気を生み、最近では映画もヒットした。それほど、このストーリーに夢中になる人間がたくさんいたということだ。

でも、ここで現実に目をやって欲しい。こんな人いっぱいいるやん、と僕は思う。夢を語って、自分を信じて、まっすぐに努力を続ける人。現実世界は、そんな人たちで溢れている。僕からすれば、漫画の主人公とそう変わりはない。なのに、現実世界においてはそういった人たちが冷笑の対象となってしまうのだ。どうしてなんだろう。なぜ、現実と創作物でこうも世間の反応は変わってしまうのだろうか。

一つ大きく違うのは、創作物では〝どんな形であれ報われることが保証されている〟ところだと思う。漫画なんだから、主人公が活躍してなんぼなわけだ。ずっと補欠で出番がないまま大会が終わっていきましたでは、読者は納得してくれない。主人公の夢が叶《かな》うのか、または叶いそうなところで涙を飲むのかはわからない。だけど、どこかのシーンで何らかの形では報われることが前提にあるのだ。それに比べて現実では、報われるという保証は一切ない。たとえ実力があったとしても、報われない人もたくさんいるのが現実というものだから。そう考えると、人は〝保証があれば好意的な見方ができる〟と言える。思えば、スラムダンクという漫画の中でも、主人公は周囲から冷笑される対象となっている。これはまさに〝漫画という世界の中では保証がない〟からである。

保証があるということは、安心できるということ。当たるかどうかわからない宝くじは買うのをためらうが、当たるとわかっていれば安心して買える。あの時、僕に「おれの方が面白いけどな」と言ってきた人だって、もし自分が芸人になったら確実に売れるという保証があったのなら、こっちの世界に踏み出していたのかもしれない。ただ今考えたいのは、自分もその世界への憧《あこが》れがある〝妬み〟の話ではない。なぜ保証がある時とない時とで他人の夢を〝冷笑〟したりしなかったりするのか、という話だ。

他人の夢にどんな形であれ保証がある場合、人はそれを好意的に見られる。時には挫《ざ》折《せつ》し、時には報われ、また壁にぶつかり、乗り越えていく。そんなドラマ性が約束された人物の姿は、むしろ積極的に見たいとまで人は思うようになる。その根底には、〝心を揺さぶられたい〟という願望が潜んでいるのではないだろうか。心を揺さぶられることで、ある人は自分の人生に置き換えて頑張ろうと思えたり、ある人は感動することで一時的にストレスを逃すことをしたいのかもしれない。要するに、〝お金でモチベーションや感動を買っている〟とも言える。だからこそ他人の報われるかわからない夢という〝保証書のない商品〟には価値がなく、たとえその姿が漫画と本質的に同じようなものであったとしても、蔑《ないがし》ろにできてしまうのではないだろうか。お金でモチベーション・感動を買う、自分の栄養にする、すなわち消費する。これは何にでも当てはまることだが、一番シンプルなのがお金で食べ物を買う、自分の栄養にする、消費する。これとまったく同じようなことを、人間は商品を替えながら繰り返して生きているわけだ。

人は、誰かが夢を追う姿を食べて消費しているんだ。

そんな風に考えると、現実と創作物とで他人の夢に対する反応が変わってくることが、すごく腑《ふ》に落ちてくる。同時に、世界がどれだけ時間をすすめたって、今後もそういった〝冷笑〟はなくなることはないだろうという見通しが立つ。

夢を語ることは、別にしなくていい。無闇に見せると、それを傷つけようとしてくる人間がいるから。だけど、夢を持つことでしか自分が主人公となれる物語は始まらない。だから夢は、自分の中に隠し持って大切にしておけばいい。あの頃の僕は〝芸人〟になるのが夢だった。今の僕には、〝芸人〟のようにはっきりとした表現で夢を語ることは難しい。だけど、もっと自分が心からいいと思える笑いがしたい。心からいいと思える笑いの輪郭を摑みたい。それまでは、芸人でありたい。

笑いについて

笑いとは何なのだろうか。

人によって答えが違うと思うし、違わなければおかしいもの。ある人にとっては弱点を開示できる方法であったり、ある人にとっては証明すべきことであったり、ある人にとっては理由がすべて後付けになるほど夢中になるもの。また、それらが入り混じった欲求としか形容できないもの。

でも、すべてに共通して言える答えが一つあるとしたら、〝自己表現〟でしかないんだと思う。

人気者になりたいとか、承認欲求を満たしたいとか、何かを強く主張したいとか、これらの大元を辿《たど》っていくと、そこにあるのは自分という人間でしかない。それをどんな風に達成するのか、またどんな形で届けるのか。また、そのための精度をいかに高く持っていくことができるかなどは、力量が関係してくるところではある。だけど、どれもこれもきっと自分を表現しているものに過ぎない。

そして、自己表現というものを大きく括る言葉として『アート』という言葉がある。それは、歌なのか踊りなのか絵なのか陶器なのか、その形は様々ある。それらの作品には、表現者である本人の何らかの想いが込められている。平和を訴える人もいれば、日常の小さな幸せに目を向けることであったり、大切な誰かに届けようという気持ちであったり。

そう考えると、笑いだって『アート』の一つであり、ネタとは個人によって生み出された『作品』であると言える。

ただこんなことを真剣に発言すると、今のお笑いの世界にある基準でいうと浮くことになる。皆さんだって、もしテレビを観ていてそんなことを言う芸人が出てきたら、最初は笑いを狙ったんだと思うだろう。それが本気で言っているとわかった時には、きっと鼻につくだろう。そのくらい、すでに笑いに対する価値観としての〝ダサいことが格好いい〟のような規定や基準が、今のこのお笑い界のみならず、お笑いが好きな人たちにまで波及しているからだと思う。

だけど、海外においては笑いがもっとアートに近い存在感を持っている国なんかもある。パフォーマンスにだってそう呼べる要素が盛り込まれているように感じられるし、観客の反応からもそういった位置付けであるという雰囲気は感じられる。実際に、笑いが日本と違った存在感を持つ国があるということだ。

〝笑いを何と呼ぶか〟についてはさておくとして、笑いはこの地球規模でいろんな場所に存在している。

Netflixである番組を観た。それは一人のコメディアンが世界中のいろんな国や場所へ行って、笑いに取り組む芸人のことを取材をするというもの。その映像には、日本に比べて経済的に貧しく紛争が絶えないような地域で笑いをやっている芸人がいたり、また戦争を体験して日常に戻ったが、本当の意味での日常を失った苦しみを笑いにしている芸人もいたり、世界における人種差別という構造の中で、差別される側に生まれたことを笑いにする芸人がいたり。

それらの芸人を見た時に、自分は日本という国に生まれ、差別も受けず、戦争も体験せず、これまで暮らしてきて、芸人をやっていることをあらためて意識する。同じ芸人であるはずなのに、まったく同じではない。僕が今までやってきたこともお笑いであり、彼らがやっていることもお笑い。どちらも職業は芸人であるのに、これだけ違う。きっと、同じではないんだと思う。言葉でそうとしか形容するものがなかったから、〝お笑い〟や〝芸人〟と一括りにされているだけのように思う。なぜ、ここまで笑いが違った形のものとして発展してきたのだろうか。

昔から日本という国は、海があり山があり自然があり、その土地に与えられた恵みがある。いろんな条件に恵まれた環境であると言える。四季があって、年間通して美味しい野菜や果物が育つ。気候にも恵まれ、雨も降るから綺麗《きれい》な水だってあるし、日中はちゃんと太陽が昇って眠る頃には沈んでくれる。そして、島国だから美味しい魚が年中食べられる。これは世界を見渡しても、随分と恵まれたものを備えた国だと思う。また島国であることから、文化や人の流入においてー定のハードルのようなものが設けられており、時にはそれが日本固有の文化を育《はぐく》むことに繋がったり、時にはほどよく外部からの影響を受け取ったりしながら、独自性のある国に発展してきたのではないか。

世界は今もそうであるように、長い歴史の中で戦争を繰り返してきている。日本も例外ではなく、この国の素晴らしい恵みを狙って攻め込んできた国もあったし、また逆にそれらの恵まれた条件を活《い》かして自国を広げていこうとした形跡が、歴史の中にはたしかにある。だけど、第二次世界大戦の終戦をきっかけに日本は戦争をしていない。ただ、防衛費の増大や世界情勢なんかを見ていると、いつ何が起こってもおかしくはないとも思う。それでも、いったんここでは戦争にはなっていないという意味合いにおいて、平和であったのだとしよう。この平和であるという余裕のような心持ちが、今の日本の文化に与えてきた影響は大きいものがあるのではないだろうか。

例えば、漫画やゲーム。これも笑いや芸人に等しく一括りにはできないものだが、娯楽であることに変わりはない。そして、近年に生まれている多くのものは、その仕組みやシステムが非常によくできていて面白いことが、とりわけ触れてこなかった自分にも伝わってくる。こういったジャンルの娯楽は、まさに日本が平和であるという心持ちが生んだ豊かさや余裕の中で、育まれてきたように思う。もちろん中には、戦争を肌で感じてきた人の体験が元となり生まれた作品もある。ただ、大半のエンターテイメント性の強い作品の数々が、今世界に誇れる文化の一つになっているのは、日本が平和であったからではないか。そう考えると娯楽や文化というのは、その国に流れる空気を吸い込んで、今も成長を続けていると感じられる。

そして、笑いだってそうなのではないだろうか。

その映像にうつる、内戦が続いたリベリアという国で、芸人をやっている青年の言葉が印象的だった。彼は幼い頃に父親を撃たれて、10歳で少年兵となった。戦争で片目を失い、今はストリートでお笑いをやって、その日を暮らすためのお金を稼いでいる。インタビュアーが「これの他にやりたいことはある?」と聞いた時、彼は声を詰まらせながら「世界中の国々が良くなるように祈るだけだ」と言った。「人々は賢くならないと。体制に目をつぶってる。次世代のためにいい将来を築きたい」と。彼から父親や片目や多くのものを奪った〝戦争〟を、彼は笑いのネタにする。悲しさや怒りや憤りの根源であるものを、コミカルな動きで〝茶化そう〟とする。彼らにとって身近なテーマが戦争だったこともあるだろうと思う。でもあえて、そのテーマと向き合っているようにも感じる。笑いにすることが、その一時、痛みを和らげているような気がする。その笑いにはきっと、彼のいろんな経験や願いが込められている。そして、そのパフォーマンスを観ている人たちもまた、同じような境遇に巻き込まれた人たちだ。

今、日本で定義づけられているお笑いというものも、日本という国が育んだ一つのお笑い。でも同様に、その外側にはまた違ったお笑いが膨大にある。これまで自分がお笑いだと信じてきたものや、与えられてきたお笑いの土壌は、ごくごく狭く小さな範囲の価値観に基づくもので、そこで行われていることを〝お笑い〟と呼んで定義づけているだけに過ぎないことを感じさせられる。こんなこと言うと「芸人がなにを真面目なことを」とか「芸人らしくない」とか思う人もいるかもしれない。それが、その人が生み出したり選んだりした〝お笑い〟の価値観に従ってそう思うのなら、そこには信念があるし、それも一つの意見として尊重されるべきだと思う。だけど、僕らはすでに何かが存在している状態のところに、生まれてきている。これは良いこれは悪い、これは正解これは間違い、これは美しいこれは醜いとか、いろんな判断基準が存在している社会に生まれてくる。笑いだって、先人が切り開いてきた道があって、今の芸人がいる。これは面白いこれは面白くない、という価値観を教えられていたり、与えられていたりする。歴史にしたって、すでに起こった出来事がたくさんあって、時間を巻き戻して答え合わせをすることができないから、いろんな捉え方をする人が生まれる。その根幹には、そう教えられてきたり、そう定義づけられていたものを、見直すことをせずに信じてしまっていることがあるんだと思う。当然、自分にもあると思っている。そしてまた、それらに反発する気持ちを持つことすらも、すでにあった価値観や出来事に対して生まれるものであるから、やはり〝すでに存在していたもの〟の影響下にあることに変わりはない。

今を生きる人間は、すでにあった出来事や価値観から逃れられない。だからこそ、教えられたり、与えられたり、反発するための壁になってもらったりもしながら、自分で考えていかなきゃいけない。男らしくとか女らしくとか、若いからとか老いているからとか、芸人らしくもそうだ。既成の何かを受け取るだけではなく、向き合って、いちいちそれが本当に自分の出した答えなのか、本当に自分が選んだものなのか。疑って、考えて、疑って。それを繰り返し続けていくことが、今を生きる人の〝在り方〟ではないだろうか。

いろんな笑いを知るほどに、〝笑いとは何なのだろうか〟にいきつく。だからこそ、笑いにはまだまだ可能性が秘められているとも感じる。笑いによって誰かが救われることもあるだろうし、社会に何らかの影響をもたらすこともあるかもしれない。自分がこれまでやってきた漫才とは、笑いの〝一つの形式〟に過ぎないし、拠点としていた寄席という場所だって、10分という持ち時間で『何でもいいからとにかく笑わせる』という、いわば、岡田政太郎さんがあの時代に創った場所のままであり、笑いをやる〝一つの場所〟に過ぎない。〝賞レースの漫才が漫才というものの中に内在している〟のと同じように、漫才だって〝笑いという大きなものの中に内在している一部〟でしかないのだ。これから自分はその外側へ行くことになる。未開拓だった所を歩いて、もっといろんな笑いを知って、自分がいいと思えるものを探していく。時には模倣して、時には捨てて、それを続けていった先が、これからの自分が理想とする芸人の姿なのではないかと思っている。

そのためには、自分という人間をあらゆる環境に放り込んで、新しいことに直面する機会を作って、笑いに還元させる。そんな実験のようなことを繰り返していくことが、これからやるべきことではないかと感じている。

根拠のない自信の根拠

２０２０年、コロナが流行《はや》りだしてしばらく経った頃、親父を亡くした。交通事故だった。

ある日の朝、突然母から電話がかかってきた。

その時点で、なにかを覚悟する必要がある予感はした。電話をとると、

「お父さんが歩いてててトラックに轢《ひ》かれたみたい。今から私も向かうけど、もう心肺停止の状態みたいで。あんたには先に言っておこうと思って電話した」

はっきりとは覚えていないが、そんな感じの言葉だった。

僕は心臓の鼓動が早くなるのを感じながら、うまく回らない頭の中から言葉を絞り出して、

「おかん、気をしっかりもって」

とだけ伝えたような気がする。

その日もいつも通り、父は仕事へ出かけた。店のすぐ近くの横断歩道を歩行中に、左折してきたトラックに轢かれて、即死だったそうだ。母が現場へ駆けつけた時には、すでに父はブルーシートにくるまれ、車で運ばれていくところだった。それをただ眺めるしかなかった母は、思ったそうだ。

私の大切な人を、そんな風にシートでくるんで、無機質なワゴン車で物みたいに運ぶのはやめてほしい。もっと、人間として扱ってあげてほしい。

母の気持ちとは裏腹に、父はそのまま運ばれていった。事故の状況はひどく、大きなトラックとの接触だったこともあり、後で火葬の際にわかったことだが、顔はなくなっていた。芸人をやっているから、親の死に目には会えないかもしれない、と小さな覚悟くらいは持っていたが、まさか死んだ顔すら拝むことができなくなるとは思っていなかった。

父のことを話させてほしい。

父は貧しい家の末っ子として育った。長女、次女、三女、父の四人兄弟。もともと貧しかったのかというとそうではなく、父の父、僕のおじいちゃんにあたる兼太郎《かねたろう》さんが、父がまだ幼い頃に、新しい女をつくって家を出ていったそうだ。名は体を表すというが、二つの家庭を〝兼ねたろう〟やあらへんがな、初めて聞いた時そう思った。おばあちゃんは一人で四人の子供を育てることになり、父親代わりとなっておばあちゃんが生計を立て、一番上の長女にあたるおばちゃんが、母親代わりとなって父の面倒をよく見てくれたそうだ。

父は酒に酔うと、貧しかった子供時代の話をしてくれた。長女のおばちゃんに手を引かれて、よく市場へ一緒に買い物に行った話。少しでも安くおさえるために、まだ中学生のおばちゃんが大人相手にしっかり値切る姿を見て、子供ながらに感心したそうだ。家で鶏を飼っており、玉子が大好きだった父は、毎朝こっそり鶏小屋へ行って卵をくすねていたら、「この鶏、ひとつも卵産まへんなぁ」と家族会議になった話。当時はチキンラーメンがご馳走《ちそう》で、子供たちで4分割して食べたのが最高に美味しかった話。稀《まれ》にヤクルトが手に入ると、あんな小さなものでも4等分するから、一息で飲み干すとすぐなくなるのが寂しくて、舌で転がしてワインのように味わったという話。すべてのことにユーモアを交えながら話す父を見ていると、貧しくとも心は豊かに育ってきた人なんだなと感じられた。

おばあちゃんのアサノさんは、いつも笑顔でおおらかで、男前な人だった。おじいちゃんが出ていった後も、子供たちが会いに行くことを咎《とが》めたりはしなかった。むしろ、新しい女と暮らし始めた家で、おじいちゃんは野菜かなにかを売って商売をしていたのだが、「あんたらあそこへ行っといで。ほんでお小遣い貰《もら》っといで」と、子供たちを送り込んでは生活の足しにしていたらしい。とくに幼かった父なんかは、遊びに行ったまま、向こうの家にも泊めてもらったりして、面倒を見てもらうこともあったそうだ。そんなことを許容してでも、なにがなんでも子供を育ててみせる！　という、おばあちゃんの覚悟が感じられる素晴らしい見境のなさに、僕は惚《ほ》れた。

おじいちゃんも、幼少期に苦労をした人だった。小さい頃に両親が離婚して、そこで新たな継母が子連れで家庭にやってきたが、あまり可愛がってもらえず、寂しい思いをして育った。おじいちゃんは早くから自立して畑仕事をしていたが、戦争が始まって、二十歳くらいの時には衛生兵として出征し、一時的に帰ってこられても、一人でまた畑をやりに行っては、戦争に戻ったりしていたらしい。

家を出ていったおじいちゃんだったが、体を壊して、その女の人とも関係が終わって、家に帰ってきたところ、おばあちゃんが許して受け入れてくれて、また家族として暮らし始めたそうだ。そんな経緯があったからか、僕が生まれて物心ついた頃からは、おじいちゃんはずっとおばあちゃんと一緒にいて、おばあちゃんを大切に思っているように見えた。喧嘩《けんか》もあったのだろうけど、仲良さそうにしている印象しかなく、両親が共働きであった僕のことを、寂しい思いをしないように、二人してとても可愛がってくれた。最期は、病気でおばあちゃんが亡くなってから、後を追うようにして、おじいちゃんもすぐに病気で亡くなった。

一般的には〝複雑な家庭〟と呼ばれるような環境で育った父だったが、人柄が良く、優しくて、ユーモアを忘れないような人であった。父はなかなか自由人なところもあったんだと思う。若い時は、車の整備やいろんな仕事をやっていたが、最終的には自分で商売を始めた。東大阪という町工場がたくさんある環境だったことから、軍手や作業服を売る仕事だ。リヤカーに商品を積んで、それを引いて売り歩く。地道なやり方で稼いだ資金をもとに、小さなお店をかまえた。きっと、会社に勤めて働くよりも、自分でやっていくことに責任や、やり甲斐《がい》を感じる商売が合っていたんだろう。お店は徐々に大きくなって、地域で三店舗をかまえるまでになった。それでも、その間にはバブルの崩壊もあったし、インターネットの普及によって商売の在り方が変わった時には、慣れない手つきでパソコンを触って、オンラインショップを開設したりもしていた。会社や家族を守るため、激動の時代を生き抜いていこうと、努力しながらもがいていたんだと思う。そんな苦労を子供には見せず、父はいつもひっそりと闘う背中を見せてくれた。そして、母も父の商売をずっとそばで支えながら、事務などの仕事を手伝い、家のこともやって愛情を注いでくれた。

これまでずっと二人で家庭も仕事もこなしてきて、息子がようやく芸人で生活をできるようになり、姉も嫁いで初孫が生まれたことで、もう安心して商売を引退することができる、これからは二人の余生を謳歌《おうか》していこう、そんな矢先の事故だった。

父は亡くなる直前まで、「僕、こんな幸せでいいんかなぁ」とよく口にしたそうだ。それを聞いて、本当に謙虚な人だなと思った。それまでいろんなものを背負って、立派にやってきたんだから、幸せでいいに決まってる、家族はみんなそう思うところだが、その先の幸せを嚙《か》み締めることに気が引けたのかと思うほど、父は突然いなくなってしまった。

事故があった日、僕は東京でテレビの仕事が2本あったため、すぐには駆けつけられなかった。母や家族のことが心配でならなかったが、いつも通りに収録を終わらせた。翌朝、すぐに新幹線で実家へ戻った。棺桶《かんおけ》の中には、全身を包帯でぐるぐる巻きに覆われた父らしき人がいた。事故がどれほどのものだったかを知るには、十分だった。

実家へ帰ってからは、通夜と葬式の準備に追われた。葬儀での段取りの打ち合わせや、どんなお弁当をいくつ発注するかなど、たくさんの現実的なことをすすめていかなければならなかった。そのおかげというのもなんだが、悲しみに暮れている暇はあまりなかった。もしかしたら、そのためにこういった儀礼は存在するんじゃないかと思った。誰かが亡くなった後というのは、あえて忙《せわ》しなく動かなければならないようになっていて、それが現実と向き合うことを先延ばしにし、痛みを麻痺《まひ》させる薬のようになっている感じがした。

細かい記憶が曖昧《あいまい》ではあるが、通夜の時だったと思う。コロナ禍であったため、集まってくれた親族たちとは久しぶりの再会となった。みんな気を遣って、明るく振る舞ってくれるなか、自分も父がいなくなった家族はおれが守っていくから大丈夫だという姿を見せられるよう振る舞っていた。たしか読経が始まる時だったか、みんなで並べられたパイプ椅子に座った。その時、僕はしまったと思った。くつ下を履き替えるのを忘れていて、くるぶし位までの短いくつ下のまま、喪服を着ていることに気づいた。すぐに隣にいた母に「あんた、くつ下間違えてるで」と、指摘された。僕は情けなかった。いい大人になって、まだこんなことを親に注意されるような人間なのかと。今しがた家族を守っていくという姿を見せようとしていたくせに、こんなことさえ碌《ろく》にきっちりできず、まだまだ子供じみた未熟な奴じゃないかと、現実を突きつけられたようだった。ズボンの裾《すそ》からのぞく地肌を見ながら、丈の足りないいくつ下が、自分が人としてまだ足りていないことをそのまま表しているような気になった。

父はスピッツが好きでよく聴いていたそうだ。これは、父が晩年に仲良くしていた友人のおじさんが教えてくれたことだった。葬儀会場では、とくに好きだったという『魔法のコトバ』という曲を流した。息子といえど、自分は親父についてまだまだ知らないことだらけだったんだなと思い知らされた。同時に、もう本人の口から知ることができなくなったことが寂しく思えた。友人のおじさんとは、いつもカフェでお茶をしながら、お互いの読んだ本について語り合って、会話を楽しんだそうだ。亡くなった翌日も、会う約束をしていたらしい。おじさんはいつも日が近くなると、明日はこんなことを話そうかと、頭の中に話題をまとめてから会いに行っていたそうだが、その日はなんだか言葉が浮かばず、不思議に感じていたところに、父のことを知らせる連絡がきたと言っていた。後日、父が亡くなる前に読んでいた本が見つかった。おそらく、この本について話そうと思っていたんじゃないかと思うが、そのタイトルは『こころの相続』というものだった。著者の五木《いつき》寛之《ひろゆき》さんいわく、相続といえば土地や財産などを思い浮かべるが、それだけではない。例えば、話し方や食事の作法一つとっても、きっと親から相続したものであると。五木さん自身、自分は両親のことをあまり知らず、大人になってからも受け継いだものなんてとくにないと思っていたが、歳を重ねるごとに自分がたくさんのものを相続しているのではないかと思い始めたことが、本にしたためられていた。

よりにもよって、なぜ親父はこの本を読んでいたのだろう。

スピッツの『魔法のコトバ』の歌詞だってそうだ。改めてしっかり見てみると、その中に「また会えるよ　約束しなくても」という言葉が出てくる。歌詞なのでなんとでも解釈はできるが、曲のストーリーは死別した相手を想っている残された人にむけて、去っていった人が言っているように聞こえるものだった。なんだか僕は、父と母と重ねてしまった。もしかしたら親父は、死期が近づく残された時間の中で、自分でも気がつかないうちに精一杯何かを伝えようとしていたのではないだろうか。遺族の勝手な妄想かもしれないが、そんなことを思った。

葬式の日、これから火葬に向かう最後の別れをする時のことだった。遺体の損傷がはげしかったことから、それまで僕らは包帯で全身を覆われた姿しか拝むことができていなかった。どこでもいい、体の一部分だけでも触れさせてもらえないかと、葬儀社の方へ相談をしていた。いったん部屋の外に出されていた僕たち家族のもとへ、担当の方がやってきて言った。

「手なら、触れていただけるようにすることができました」

再度、棺桶の方へと近づく。

そこにいたのは依然、全身を覆われたままの父だったが、たしかに手だけは見えていた。

誰も父の死に目には会うことができなかった。顔も見れなかった。ずっと目の前にいる人が、本当に父なのかもわからなかった。

その手に触れながら、それまで誰よりも気丈に振る舞っていた母が、

「お父さんの手ぇやぁぁぁ……！」

と、心の底から嗚咽《おえつ》まじりの言葉になりきらない声を発した。胸が締め付けられて、僕はうまく呼吸ができなかった。

「間違いない、ごつごつしたお父さんの手や」

と、現実を受け入れようとしている母に寄り添いながら、間違いなく父の手だなと僕も思った。

この手で頭を撫《な》でてもらった。
この手で叩《たた》かれ叱られた。

この手でキャッチボールをしてくれた。
この手でいつも腕相撲で僕を負かしてきた。
この手でたまにカレーや焼き飯を作ってくれた。
この手で原付を修理してくれた。
この手でお酌をしてくれた。
この手で軍手や作業服を売って育ててくれた。

間違いなく父の手。
間違いがあった方が良かったのかもしれない。
だけど、間違いないという確信が持てたことは良かったのかもしれない。

一つ思い出したことがあった。親父がこの世を去ったのがコロナ禍だったこともあり、ずっと実家へ帰るのを控えていたが、亡くなる前に一度だけ帰ったことがあった。その時めずらしく親父からお願いをされた。親父は地域の自治会で副会長をやっていたことから、役員をやっている親父よりも歳上のおじいさんたちと、たまに公民館で集まることがあった。その集会に、漫才をやりに来てくれないかと言い出したのだ。今まで一度もそんなお願いをされたことがなかったから、少し意外に思ったのでよく覚えている。

「もう池島のおっさんらも、ええ歳の人ばっかりやし、いつも息子が漫才師やってるゆう話になるから、いっぺん見せてやれへんもんかと思ってな」

その頃はまだ、緊急事態宣言が発令されていたり、世間的にも未知のウイルスへの警戒が強い時期だった。とくに、高齢者との接触は避けるようにと叫ばれていた。

「さすがに今はなぁ。何も今じゃなくても、もう少し落ち着いてからじゃあかんの?」

「うん、まあな……」

これにも親父は、めずらしく釈然としない様子だった。性格的には、慎重で繊細な人。だから、なおさら僕は意外だった。今振り返ると、ここにも親父自身が予感とまでいかない程度に、何かを感じていたのではないかと思えてしまう。

「ほな、おれ一人で集会に顔出すっていうのはどう？　そこで、皆さんにちょっとだけご挨拶させてもらうし」

あらゆるリスクを考慮して、そう答えた。

その時、親父がぽつりとこぼした一言が印象に残っている。

「お前一人で来てもなぁ」

おそらく父は、僕に漫才を披露して欲しかったんだろう。だから僕の提案に対して、どこか後ろ向きな返事になったんだと思う。

ただ、それは僕にとって暗に、

「お前一人で何ができる?」

と言われたような気がした。だからその言葉が、妙に自分の記憶にこびりついた。

そこから数年が経ち、僕は一人になった。

親父が今の僕を見ていたとするなら、何を思っているだろう。どんな言葉をかけるだろう。今になって、あの時の言葉が頭の中で反響し出す。

「お前一人で何ができる?」

自分はこれまでとは違った道を歩み始めている。お笑いの世界に入りたい、そう打ち明けたのはもう20年以上前。せっかく通わせてもらった大学を一年で辞めて、根拠のない自信だけを持って、この世界に飛び込んだ。

思い描いた通りには全然ならなくて、すぐに挫折を味わって、そんなはずはないと思いたくて、しがみつくように醜くも続けてきた。それでもまだまだ自分に甘くて、惰性的に取り組んできたところもあって、ようやく形になり始めた頃には、10年ほど経っていた。その間に、本来ならば辞めていてもおかしくなかったと思える。だけど、一度も辞めるという選択肢が浮かばなかったのは、根拠のない自信があったからだ。

そして今、新たな分岐点に立って、また辞めるという選択肢を通り過ぎることにした。
不安になる日もある。
自分を疑っているところもある。
だけど、大丈夫な気もしている。
この期に及んで、まだ自分の中には〝根拠のない自信〟があるのだ。

でも、最近思うようになった。
根拠はあったんだと。

自分が一番間近で見てきた人の生き様は、間違いなく両親であった。

父は朝早くから夜遅くまで働き、それでも休みの日は遊んでくれて、定期的に家族旅行にも連れていってくれた。きっと経営が厳しい時もあっただろうし、忙しくて疲れていた時もあっただろうし、体調を崩していた日もあっただろう。それでも、子供にはいつも優しかった。もしかしたら、自分の幼少期の経験があったから、子供にはそんな思いをさせたくないというのがあったのかもしれない。僕がお笑いをやりたいと言った時も、お前が好きなことをやれと言った。僕が家を出て、ずっと連絡もよこさず結果の一つも出さないから、何をやっているのかわからない時でも、辞めろと言わなかった。劇場所属になってから実家へ帰ると、父が僕と同世代の芸人のコンビ名をたくさん言えるようになっていた。ずっとパソコンで、吉本のオーディションの結果を調べていたんだろう。70歳目前までやってた商売だって、本当はもっと早くに終えることもできたと思う。今思えば、僕がまだ芸人でしっかり飯を食っていけるかわからなかったから、最悪戻ってこられる場所を残してやろうと、商売を続けてくれていたのかもしれない。地元では昔気質《かたぎ》なおっさんが多い世代に生まれたのに、頭が柔軟で、細やかな配慮を持ち、本を読んで勉強することをやめず、ほどよく酒を飲んで、食事中はトランクス一丁で飯を食い、わざと隙間から息子を息子の方へ覗《のぞ》かせて笑かそうとしてくるような人だった。

父はよく僕たち子供の手を握っては、ぐりぐりといじる癖があった。愛情表現の一つだったんだろうけど、僕はそれが嫌で仕方がなかった。今、一緒に手を繋いで歩いてくれる奥さんに「痛いからそれやめて」と言われて、僕は同じことをしている自分に気がついた。きっと僕は、父からたくさんのことを相続しているんだろう。

母は、ずっと親父の会社を共働きで支えながら、毎朝幼い僕と姉を自転車の前後に乗せて、幼稚園まで送ってくれた。大学を辞めて芸人になると言った時は、母は心配そうに目に涙を浮かべながら、好きにさせてくれた。初めて漫才で賞をもらったのは、母の誕生日だった。偶然にも観覧が当たったらしく、会場まで先に述べた友人のおじさんと応援に来てくれていた。僕はきっと客席で泣いて喜んでいるだろうと思っていたが、後で聞いたらおじさんが号泣していたそうだ。母はその姿を見て笑いながら、「ほんま、やっとやでぇ」と言っていたらしい。父が亡くなって間もない頃、僕が今一度、立派な姿を母に見せて安心してもらいたいと思っていたところに、情熱大陸のオファーが来た。そのことを話すと、母はとても喜んでいた。そして、その放送日もまた母の誕生日だった。家族で一緒にテレビを観ながら、お祝いをした。人生をもっと共に過ごせると思っていた人との別れを経験し、一番辛《つら》い時間の中にいるはずの母が、とても楽しそうに笑ってくれたことが嬉《うれ》しかった。

つい先日、実家で母と二人でお酒を飲んだ。その時、事故があった直後のことを話してくれた。警察から連絡を受けて現場に着くと、ドクターカーが止まっており、医師や救急救命士の人たちが警察と話し込んでいたそうだ。それを見て、母はもうすべてを悟ったと言う。本来なら救命処置をしているはずの人たちが、今こうしているということは、そういうことだなと。自分でも驚くほど冷静であったと振り返る。その時、若い警察の人がやってきて、「奥さん、あの……落ち着いて聞いてもらえますか？」と言った。何を告げられるかわかっていた母は「はい」と答えた。「あの、ほんとに……落ち着いて聞いてください」と言われ、また「はい」と答えると、「ほんとに大丈夫ですか？　い、いったん座られますか？」と言うので、「大丈夫です」と答えると、「あの……お、落ち着いて聞いてください」と二の足を踏む警察官に、

「いや、あんたが落ち着け！　と思ったわ」と、笑い飛ばしながら語った。

父の死は、母にとって大きなものであり、それは乗り越えるとかではなく、今もこれから先も、ずっと深い悲しみと一緒に生きていくものなんだと思う。だけど、母はそれ以来、生活の中でなにか困り事やトラブルがあったとしても、「もうあれ以上のことはないと思ったら、何でもない」と言い切る。

僕はこんなに逞《たくま》しくて格好いい人から生まれたのかと、改めて思った。

僕の中にずっとあった根拠のない自信には、ちゃんと根拠があった。

こんな母に生んでもらい、二人からたくさんのことを相続させてもらっていることに、父が気づかせてくれた。

両親と過ごしてきた時間、記憶の中にあるすべてのこと、また記憶の外側にあることすらも、きっと根拠となっていたんだろう。

この先、どんな人生を送っていこうか。
どんなことが待っているんだろうか。

いつか自分の人生が、誰かの根拠になってくれたら、満足できるのかもしれない。

自分だって、いつ死ぬかわからない。

その日が来るまで、与えてもらった根拠を握りしめながら。大切にぐりぐりとしながら。

おわりに

この本を書きながら、自分のこれまでを振り返り、頭の中にあることを整理して、見つめ直すことができた。読んでくださった方には、さぞかし自分が頑固で融通が利かない奴に映ったことだろうと思う。

親父が僕の名前をつける時に、もともとは〝賢志郎〟ではなく、〝堅志郎〟と名付けようとしていたそうだ。それを姓名判断をする人のところへ見せに行ったら、こっちの方がいいですよというアドバイスを受けて〝賢志郎〟になったらしい。

よくぞ踏みとどまってくれたなと思った。

もしこれで〝堅志郎〟と名付けられていたら、どれほどの頑固者になっていたのだろうと思う。だけど、いつも人から頑固だと言われて思うのが、当の本人は至って素直であるとしか思っていないということだ。

素直と頑固なんて、対立するような言葉。

どうしてここまで他者から見た自分と、自分が思う自分への認識がずれてしまうのかを考えてみた。

僕からすれば頑固とは、まず聞く耳を持たず、自分が違っていたなと思っても意見を曲げず、周りを閉ざすような人間だ。

だけど、僕は意見を持つ時には、考えていったんの答えを見つけようとする。だから、人の意見を聞かないということはしないし、むしろ、自分と違う意見があるのなら、その理由に興味があるくらいだ。だけど大抵の場合、意見に対してきちんとした説明がなされることが少ないように感じる。

言葉がうまくまとまらない、そんな場合はあると思う。考えがまだまとまっていない、それもあると思う。

でも世の中にはきっと、曖昧《あいまい》にしておいた方が都合の良いことはたくさんあって、大人の社会ではとくに、自分を貫こうとする奴が組織の足並みを崩すことがある。だから、大人になるほど同調することが増えて、譲ってはいけないものまで譲り、何を大切にすべきだったかを見失ってしまうことが多いように思える。

人は良い意味でよく〝丸くなる〟という言葉を使う。

素行の悪さに気づいた人が、立派に更生したという場合などは、良い意味でしかない。

だけど、この言葉は便利な言葉だと思う。

そう言っておけば、聞こえが良いからだ。

丸くなることは、妥協とも譲歩ともとれる。

周りとの足並みを揃えるために、自分の心はいったん端によけて、いろんな事情や損得を考慮したのちに、それを自分の意見とする。いつしか自分の意見には、妥協や譲歩が欠かせないものとなり、大切にすべきものを見失っていく。そうやって導き出した意見の理由を聞かれたって、答えられるはずがない。なぜなら、答えは端によけたところに置き去りになっているから。

芸人は、自分の大切にしたいものを持つことが魅力となる。いわば、自分を貫いてなんぼの世界。それがいつしか、貫く奴のことを尖《とが》ってると言い、貫くのを諦《あきら》めた奴のことを丸くなったと言う。

自分を貫くということは、自分に素直であるということ。

だから頑固というのは、自分を貫くことを諦めた人間が、自分を貫こうとしている者に対して貼り付けることで、自分を正当化しようとしている言葉ではないかと思ってしまう。

「こういうこと言う奴のことを世間では頑固と呼ぶんだよ」と言われたら、僕は頑固でしかないと思う。

というか『おわりに』まで来て、まだこんなことを吠《ほ》えている時点で、なんか自分でも頑固だと思えてきた。

一度、実家へ帰ってみんなでご飯を食べている時に、親父と言い合いになったことがあった。と言っても、僕はその時のことをよく覚えていなくて、後から母に聞いたのだが、お酒を飲んで調子が良くなった親父が、お笑いについて語り出したそうだ。それを聞いて、僕がそれは違うと言い返したらしい。親父も少しは食らいついて来たんだと思う。そこで僕は大人気なくも、芸人として自分の意見をぶつけて、完膚なきまでに親父を言い負かしたそうだ。シュンとなってしまった親父。それを見ながら、母はくすくすと面白がっていたらしい。だけどその時、シュンとなった親父の顔は、どこか嬉《うれ》しそうだったと言う。

きっと、こいつも自分の仕事にしっかり信念を持ってやっているんだな、と親父が僕を認めてくれた瞬間だったのではないかと思う。

この時の親父の顔を覚えていないことが悔やまれるが、僕にとっては大切にしたいエピソードである。そして、これが僕の一つの指針にもなっており、この本で〝まだ見ぬままになった弟子〟へ伝えたかったことだと言える。

何事も、始まりがあれば終わりがあると言う。

だけど、終わったと同時にもう何かが始まるのだとしたら、それは始まりでしかない。

だから言ってみれば、人生には始まりしかなくて、始まりを繰り返していくことが生きることであって、終わりがあるとすれば、それは死ぬ時だけではないか。

この本を書き上げるのに、ずいぶんと時間を要してしまった。何を今さらと思われるかもしれないし、矛盾したことを言うことになるかもしれないが、あらためて。

この本をもって、漫才師としての終点とする。

〈参考資料〉
『ラリー・チャールズのデンジャラス・ワールド・オブ・コメディ』Netflix、２０１９年
五木寛之『こころの相続』ＳＢ新書、２０２０年

本書は書き下ろしです。

川西賢志郎（かわにし　けんしろう）
1984年１月29日生まれ、大阪府東大阪市出身。2006年からお笑いコンビ“和牛”のツッコミとして活動し、「M-1グランプリ」にて16〜18年の３年連続で準優勝を獲得。24年３月にコンビを解散し、その後は芸人活動を続け、ライブやテレビ番組、ドラマなどに出演。

はじまりと　おわりと　はじまりと
—まだ見《み》ぬままになった弟子《でし》へ—

2025年２月15日　初版発行
2025年４月25日　３版発行

著者／川西賢志郎《かわにしけんしろう》

発行者／山下直久

発行／株式会社KADOKAWA
〒102-8177　東京都千代田区富士見2-13-3
電話　0570-002-301（ナビダイヤル）

印刷所／旭印刷株式会社

製本所／本間製本株式会社

ISBN 978-4-04-115956-9　C0095
NexTone PB000055751号